U0666806

海关总署全宗指南

（1949—2006）

海关总署办公厅　编

中国海关出版社

图书在版编目(CIP)数据

海关总署全宗指南 / 海关总署办公厅编. —北京：中国
海关出版社，2007.12
ISBN 978-7-80165-470-0

Ⅰ. 海… Ⅱ. 海… Ⅲ. 海关—档案工作—概况—中国
Ⅳ. F752.5

中国版本图书馆 CIP 数据核字（2007）第 183412 号

总 策 划：倪　云
责任编辑：孙　红　沈楚铃
监　　印：沈博雄
封面设计：北京龙震视界国际文化传播有限公司
Http://www.adlzsj.com

海关总署全宗指南

海关总署办公厅　编

中国海关出版社出版发行

（北京市朝阳区东土城路 14 号　100013）

人民美术印刷厂印刷

2007 年 12 月第 1 版　2007 年 12 月第 1 次印刷
开本：787mm × 1092mm　1/16
印张：14.75　字数：250 千字
定价：80.00 元

海关版图书，印装错误可随时调换

发行部电话：（010）85271609　85271610
金钥匙书店电话：（010）65195616　65195127
出版社网址：www.haiguanbook.com

编委会

主　　编　刘广平

副 主 编　孙志杰

执行主编　赵　萍

编　　委　俞仁愚　姜修萍　吴建华　曲　艳

　　　　　彭新亚　钟　勇　崔　晶　关　昕

前　言

　　全宗，是一个立档单位全部档案的总称。《海关总署全宗指南》（以下简称《指南》）是向海关系统广大干部职工乃至社会各界介绍海关总署保存的档案、资料，为利用者提供工作查考、编史修志、学术研究、宣传教育所需查找档案资料线索的工具书，并能帮助档案人员更好地科学管理档案和开展利用服务。《指南》是档案部门为海关中心工作服务的"载体"，是联系海关各项工作的"桥梁"，是政务公开的"窗口"。

　　海关总署自1949年开始建档，历经50多年的整理收集和几代人的精心呵护，库藏不断丰富。至2006年，海关总署库藏各种门类档案资料达40729卷。

　　1991年7月，经国家档案局批准，海关总署档案馆在天津建立，这是海关档案工作发展的里程碑。该馆现存全宗28个，包括晚清、民国时期旧海关以及建国后部分直属海关单位的永久档案共11871卷。

　　《指南》着重介绍了1949年新中国成立以来至2006年海关总署的组织机构历史沿革、全宗历史情况、档案内容和成分、重大事件和产生重要影响的活动等内容。

　　海关总署办公厅在编写《指南》过程中，坚持历史唯物主义的观点，以尊重历史、实事求是、内容真实、简明扼要为编写原则，全面客观地介绍了海关总署作为国家进出境监督管理机关，在维护国家主权和利益，加强海关监督和管理，促进对外经济贸易发展等工作中形成的档案资料。这些档案资料真实记录了海关在不同历史时期的发展历程，特别是1998年国务院机构改革，海关总署升格为正部级单位以来的档案、资料，全面记录和反映了现代海关制度的发展战略以及海关各项建设与发展的真实情况，具有不可替代的史料价值。

由于时间仓促，编写人员能力和水平有限，《指南》难免有疏漏之处，恳请读者批评指正。

海关总署办公厅
2007 年 10 月 28 日

目 录

第一部分
海关总署组织机构的历史沿革

一、海关总署的成立及演变情况

中华人民共和国成立以来,中国海关领导体制历经多次重大变革,海关总署作为全国海关的领导机构,随体制的变化,其隶属关系也多次变更,由直属政务院,改为划归对外贸易部,进而降为对外贸易部部属职能局,又改为直属国务院,并升格为正部级机构。

(一)中央人民政府海关总署(1949.10 — 1952.12)

1949年10月25日,中央人民政府海关总署第一号通告宣布:中央人民政府海关总署业已遵照中华人民共和国中央人民政府组织法,在中央人民政府政务院与财政经济委员会领导之下,于北京宣告成立,负责领导与管理全国海关及其事务[见档号:026-01-0003-112 标题:海关总署通告第一号]。办公地址在北京东交民巷台基厂头条胡同六号[见档号:098-01-0060-005 标题:关于本署正式开始办公启用印信的通知(秘〔1949〕4号)]。如下:

海关总署通告

第一号

(原文摘抄)

全国各海关:

  本署业已遵照中华人民共和国中央人民政府组织法,在中央人民政府政务院与财政经济委员会领导之下,于北京宣告成立,负责领导与管理全国海关及其事务,并经中央人民政府委员会任命孔原为海关总署署长,丁贵堂为副署长,自即日起开始办公。在新的海关组织章则尚未公布前,全国各海关及其分支机构暂仍在当地最高政府或军管会指导之下照常努力工作。海关一切事务及关产,均由现任负责人员担负全责,今后所有一切表册报告文件应各备一份迳送北京海关总署,特此通告。

中央人民政府海关总署印

一九四九年十月二十六日

中央人民政府海关总署通知

秘字第四号

（原文摘抄）

事由：为通知本署正式开始办公启用印信由

本署业经于十一月一日起在北京东交民巷台吉厂头条胡同六号正式开始办公。兹奉中央人民政府令颁发铜质印信一颗,文为"中央人民政府海关总署印",业经于十一月三日启用,特将印模一份随文附发。

即希查照。

此致

署　长　孔　原

一九四九年十二月三日

1950年3月8日,中央财经委员会发布关于海关总署直接领导全国各地海关的通知〔见档号：017-01-0030-013　标题：中央人民政府财政经济委员会通知（财经总字第230号）］，明确海关系统实行集中统一的垂直领导体制，海关总署为政务院的一个职能部门，全国海关统一执行海关总署颁发的一切规章、命令、指示，其组织、人事、行政、业务等事宜均由海关总署直接领导，并接受所在地的大行政区或直辖市财经委员会的指导［见档号：035-01-0006-030标题：中央人民政府海关总署通令第二十一号］。如下：

中央人民政府海关总署通令

第二十一号

（原文摘抄）

　　事由：颁发政务院财政经济委员会关于海关总署直接领导各地海关组织人事行政业务等五项决定原文希遵照

　　政务院财政经济委员会关于海关总署直接领导全国各地海关的组织、人事、行政和业务等五项决定已于三月八日以财经总字第二三〇号文通知各大行政区暨华南新疆山东各地区、各直属市财经委员会知照，并抄致海关所在地区之各省市人民政府。兹检发政务院财政经济委员会原通知一份，希即遵照执行，并将执行情形随时具报。

中央人民政府海关总署印

一九五〇年三月九日

（二）对外贸易部海关总署（1952.12 — 1960.11）

1952年12月25日，根据中央人民政府政务院命令，海关总署划归对外贸易部领导，成为对外贸易部的组成部分，改称中央人民政府对外贸易部海关总署［见档号：098-01-0480-001　标题：政务院关于调整机构紧缩编制的决定（政政字第173号）］。如下：

中央人民政府政务院命令

政政字第 173 号

（原文摘抄）

根据第114次政务会议通过并经中央人民政府主席批准的《政务院关于调整机构紧缩编制的决定》，中央人民政府海关总署应与中央人民政府贸易部合并，现为加强并统一对外贸易的管理和监督工作，特决定：将中央人民政府海关总署划归中央人民政府对外贸易部领导，成为对外贸易部的组成部分，改称为中央人民政府对外贸易部海关总署。并任命原中央人民政府海关总署署长孔原为中央人民政府对外贸易部副部长兼海关总署署长，原海关总署副署长丁贵堂、原对外贸易部对外贸易管理总局局长胡仁奎为副署长。除报请中央人民政府委员会批准外，希即遵照办理，并先行到职视事。

中央人民政府政务院印

一九五二年十二月廿五日

1955年7月18日，海关总署由北京市东交民巷台基厂头条胡同六号，移至东长安街对外贸易部大楼内办公［见档号：098-01-

0944-014　标题: 中华人民共和国对外贸易部海关总署通知(〔55〕关公字第1026号)〕。

（三）对外贸易部海关管理局（1960.11—1980.2）

1960年11月15日，各地海关建制下放到各省、市、自治区，成为各地对外贸易局的组成部分，受地方党政和对外贸易部双重领导，以地方领导为主；同时将海关总署改为海关管理局，成为对外贸易部的职能局。如下：

国务院批转对外贸易部关于各地海关（关）、
商品检验局（处）体制下放和人员精简问题的报告
直秘杨字195号
（原文摘抄）

各省、自治区、直辖市人民委员会：

国务院同意外贸部关于各地海关（包括关，下同）、商品检验局（包括处，下同）体制下放和人员精简的报告。请即按照执行。

海关和商品检验局体制下放是必要的，但下放后各海关和商品检验局应当受地方党政和外贸部双重领导，块块为主，条条为辅，块块和条条结合起来，把工作做好。

附件：对外贸易部原报告（略）

中华人民共和国国务院

一九六○年十一月十五日

1961年5月17日，经国务院批准，体制下放后海关总署改名海关管理局，印信自1961年5月17日启用。如下：

关于本部海关总署改名海关管理局
商品检验总局改名为商品检验局的通知
（61）办字第131号
（原文摘抄）

各省、市、自治区对外贸易局（商业厅），各地海关各地商检局、处，北京外贸学院、上海海关学校、天津海关干部学校、大连商检学校、西藏外贸局海关管理处，本部办公厅、各局、行情研究所、各专业总公司、国际贸易促进会：

经国务院1961年5月15日直编会字69号文批准，本部海关总署改名为海关管理局，商品检验总局改名为商品检验局。该两局印信自1961年5月17日启用。

特此通知。

中华人民共和国对外贸易部

一九六一年五月十六日

1968年11月21日，对外贸易部决定，取消海关管理局建制，与商检部门合并建立外贸部第三业务组，后又改称第四业务组。如下：

关于建立新的业务办事机构的通知
（68）贸办字第2号
（原文摘抄）

国务院业务组、外办、军委办事组、总参、总后、国家计委、建委、各有关部、委军管会（军代表），各省、市、自治区革命委员会生产指挥部（组），各口岸外贸局革命委员会，各专业总公司革命委员会、贸促会革命委员会：

……建立起了新的业务办事机构，于11月14日开始办公，并启用新印章。现将新的业务办事机构及分工通知如下：

……

三、第三业务组：负责海关、商检工作。

……

我部原设的各厅、局、所、室等机构，自即日起一律停止对外工作。

……

中华人民共和国对外贸易部

一九六八年十一月二十一日

1970年12月23日，对外贸易部报备国务院对机关组织机构进行调整，第四业务组改称海关、商检局（对外分别使用海关局、商品检验局印章）。如下：

关于报请调整外贸部机关组织机构请予备案

（70）贸办字第85号

（原文摘抄）

国务院业务组：

为了适应工作的需要，将我部工作机构作了部分调整。

一、过去部内有五个主管国别贸易的地区局，机构改革后，合并为一个业务组。根据当前形势发展的要求和加强对外工作，经过一年的工作实践感到一个业务组与当前形势不相适应。现将第三业务组分为三个地区局。其分工为：一局，主管阿尔巴尼亚、朝鲜、印度支那和苏联、东欧、蒙古；二局，主管亚洲、非洲；三局，主管西、北欧，美洲，澳洲和国际行情研究工作。

二、为了便于对外工作，将目前几个业务组改称为业务局。即，第一业务组改称为综合局，第二业务组改称为财务局，第四业务组改称为海关、商检局（对外分别使用海关局，商品检验局印章），第五业务组改称为运输局（即外运总公司，一个机构两个名义）。其主管业务不变。政工组、办事组，贸促会名称不变。

三、从1971年1月1日起，以新的机构名称对外。

特此报请备案。

中华人民共和国对外贸易部

一九七〇年十二月二十三日

1973年2月26日，对外贸易部决定，恢复海关管理局，主管海关各项工作。如下：

关于本部行政机构设置的通知

（73）贸政字第40号

（原文摘抄）

本部各局、组、贸促会、研究所、各总公司，第一、第二行政管理处，本部"五·七"干校，外贸中专学校：

为适应对外贸易发展的需要，兹将本部行政机构的设置和任务分工，通知如下：

（一）现政工组仍改称中共对外贸易部政治部。主管本部所属行政、企业、事业单位，"五·七"干校的政治工作。

......

（十一）海关管理局：主管对进出口货物的监管；检验出入境行李邮包；查禁走私；征免关税等工作。

（十二）商品检验局：主管对进口商品的检验标准；检验方法；组织技术交流等工作。

......

中华人民共和国对外贸易部（印）对外贸易部政工组（印）

一九七三年二月二十六日

（四）中华人民共和国海关总署（副部级，1980.2 — 1998.03 ）

1980年2月9日，国务院发布《关于改革海关管理体制的决定》（国发〔1980〕42号）。全国海关建制收归中央。海关总署作为国务院直属机构，统一管理全国海关机构和人员编制及其业务。如下：

国务院关于改革海关管理体制的决定
国发〔1980〕42号
（原文摘抄）

各省、市、自治区人民政府（革命委员会），国务院各部委、各直属机构：

海关是代表国家在口岸行使监督管理职权的机关，是贯彻执行国家有关进出口政策、法律、法令的重要工具，是进行对外经济斗争的一个武器。在全党工作着重点转移到社会主义现代化建设的新时期，海关工作更为重要。做好海关监督管理、征收关税、查禁走私和编制海关统计等工作……为了充分发挥海关的监督管理职能，必须改革现行以地方为主的海关管理体制，加强集中统一领导。

……

一、全国海关建制收归中央统一管理，成立中华人民共和国海关总署，作为国务院直属机构，统一管理全国海关机构和人员编制及其业务。

......

六、北京、天津、上海、广州、九龙、大连、青岛、昆明、南宁9个海关为局级机构，其余海关为处级机构，并配备相应的干部。

中华人民共和国国务院

一九八〇年二月九日

1987年发布的《中华人民共和国海关法》（以下简称《海关法》）明确规定"国务院设立海关总署，统一管理全国海关"，"海关的隶属关系，不受行政区划的限制"，"海关依法独立行使职权，向海关总署负责"，进一步以法律形式确立海关的垂直领导体制。

（五）中华人民共和国海关总署（正部级，1998.03至今）

1998年3月29日，国务院决定海关总署升格为正部级；国家出入境检验检疫局由海关总署管理；撤销全国打击走私领导小组，工作改由海关总署承担；撤销国家口岸办公室，工作改由海关总署承担。如下：

国务院关于机构设置的通知

国发〔1998〕5号

（原文摘抄）

各省、自治区、直辖市人民政府，国务院各部委，各直属机构：

根据第九届全国人民代表大会第一次会议审议批准的国务院组成部门设置方案和经国务院第一次全体会议审议通过的国务院直属机构、办事机构、直属事业单位设置方案，现将国务院机构设置通知如下：

一、中华人民共和国国务院办公厅

二、国务院组成部委

……

三、国务院直属机构

中华人民共和国海关总署

……

中华人民共和国国务院

一九九八年三月二十九日

国务院关于部委管理的国家局设置的通知

国发〔1998〕6号

（原文摘抄）

各省、自治区、直辖市人民政府，国务院各部委，各直属机构：

根据国务院第一次全体会议审议通过的国务院部委管理的国家局设置方案，现将部委管理的国家局设置通知如下：

……

国家出入境检验检疫局，由海关总署管理。

……

中华人民共和国国务院

一九九八年三月二十九日

国务院关于议事协调机构和临时机构设置的通知

国发〔1998〕7号

（原文摘抄）

各省、自治区、直辖市人民政府，国务院各部委、各直属
机构：

根据国务院第一次全体会议审议通过的国务院议事协
调机构和临时机构调整方案,现将国务院议事协调机构和
临时机构的设置与调整通知如下：

一、国务院议事协调机构和临时机构设置

……

二、撤销的国务院议事协调机构和临时机构

……

撤销全国打击走私领导小组,工作改由海关总署承担;

……

撤销国家口岸办公室，工作改由海关总署承担;

……

国务院的其他议事协调机构和临时机构一律撤销;原

保留名义的不再保留。

中华人民共和国国务院

一九九八年三月二十九日

2001年4月30日，国务院决定国家出入境检验检疫局划归国家质量监督检验检疫总局，不再由海关总署管理。如下：

国务院关于国家工商行政管理局

新闻出版署国家质量技术监督局

国家出入境检验检疫局机构调整的通知

国发〔2001〕13号

（原文摘抄）

各省、自治区、直辖市人民政府，国务院各部委、各直属机构：

为适应完善社会主义市场经济体制的要求，进一步加强市场执法监督，维护市场秩序，国务院决定：

……

三、将国家质量技术监督局、中华人民共和国国家出入境检验检疫局合并，组建中华人民共和国国家质量监督检验检疫总局，正部级，为国务院直属机构。

……

中华人民共和国国务院

二〇〇一年四月三十日

二、海关总署的主要职能任务

海关职能是海关依法对涉外经济活动进行监督管理所具有的职责和作用。它反映的是海关监督管理活动的实质和基本方向，是海关行政组织设置的依据。具体来说，是指海关在监督管理活动中的基本职责和效能，不同历史阶段的海关具有不同的职能，并由此决定其性质、地位和作用也各不相同。海关职能的具体内涵体现于海关的基本任务之中。

（一）中央人民政府海关总署（1949.10—1952.12）

1949年10月25日，海关总署成立。根据中华人民共和国中央人民政府组织法的规定，海关总署隶属于中央人民政府政务院，并受政务院财政经济委员会的领导。是时，海关总署的职能任务：负责领导与管理全国海关及其事务；制订执行政府法令、海关任务的计划方案，单独或协同有关政府机关颁发关于海关业务的指令训令规章；研究海关政策问题，参与制订有关海关税则问题的国际条约和协定草案；拟订海关业务法规草案，参与制订有关海关税则并决定实施方案；督导全国海关执行国家政策法令，关务训令及规章，规定各地海关按期向总署报告工作和情况，检查审核各关工作；审核各海关对于走私及违反关章事件的处理情形，以及关于上述问题对海关所提出的申诉；编造总署及各海关之人员编制，财政预算，并指导各关之会计出纳事宜；遴选配备奖惩调遣全国海关人员，培养训练干部提高其政治与业务水平；编制中华人民共和国对外贸易海关统计，指导全国海关统计工作；依法管理保护一切关产〔见档号：098-01-0029-010　标题：中华人民共和国中央人民政府海关总署暂行组织条例（草案）；档号：098-01-0019-091　标题：中华人民共和国中央人民政府关于海关总署与地方海关机构的规定（草案）〕。

1950年1月27日，根据政务院第17次会议通过的《中央人民政府关于关税政策和海关工作的决定》〔见档号：098-01-0001-004　标题：中央人民政府政务院关于关税政策和海关工作的决定（政秘字第361号）〕，海关的职能任务有所调整，主要是解除了与海关无关的职能，将管理海港、河道、灯塔、浮标、气象、助航等职能，连同人员、物资、器材移交交通部或当地港务局；将巡卫国境海岸职能及武装舰船移交公安部。

1951年3月23日，中央人民政府政务院第77次会议通过了《中华人民共和国暂行海关法》。根据该法规定，海关总署的职能任务明确为：统一管理全国海关及其业务；依法对进出国境的货物、货币、金银、邮递物品、旅客行李、运输工具及其服务人员所带物品，执行实际监管；稽征关税和其他法定由海关征收的税捐规费；查禁走私；办理其他海关业务。其基本职能任务概括为：监管、征税、查私三项〔见档号：098-01-0255-001　标题：关于实施中华人民共和国暂行海关法的指示（署通〔1951〕70号）〕。

此外，1951年12月召开的全国监管、验征工作会议上提出：海关货运监管工作的目的和作用之一是"减少国家进出口物资在装卸、存储过程中的混乱、错误与损耗"〔见档号：009-01-0039-165《全国海关第一次监管、验征工作会议关于货运监管工作的决定

（修正草案）》〕。据此，检查揭发货运事故也成为海关的一项基本任务，与监管、征税、查私三项职能并列，执行到 1981 年结束。

（二）对外贸易部海关总署（1952.12 — 1960.11）

1952 年 12 月 25 日，根据中央人民政府政务院命令，中央人民政府海关总署划归中央人民政府对外贸易部领导，成为对外贸易部的组成部分，改称中央人民政府对外贸易部海关总署。海关总署隶属于中央人民政府对外贸易部领导后，其职能任务除继续按照中华人民共和国中央人民政府组织法的规定履行外，又增加了研究起草对外贸易管理法规、编制进出口计划、私商登记管理，以及进出口货物审价和商情出版〔见档号：098-01-0480-001　标题：政务院关于调整机构紧缩编制的决定（政政字第 173 号）〕。

1954 年 6 月，政务院批准对海关的职能任务作局部调整：取消海关编制进出口计划和对进出口货物的审价工作，连同机构、人员一并移交对外贸易部〔见档号：098-01-0819-005　标题：政务院批准将地方海关的职权任务作局部调整，希即执行（〔54〕关公1966 号）〕。

1955 年 7 月，对外贸易部批准的对外贸易部海关总署组织条例明确海关总署的职能是：依照国家管制对外贸易的法令和海关法的规定，管理进出国境的货物，征收关税，查禁走私，监督进出国境的货物在口岸上的正确装卸、保管、运输，检查揭发一切足以引起国家物资损失的事故〔见档号：098-01-0944-017　标题：对外贸易部海关总署组织条例〕。

海关总署在对外贸易部的领导下，依照海关机关的职能，履行以下任务：

1. 组织海关机关并领导全国海关工作。

2. 监督检查各地海关机关正确执行国家的法律、法令、决议和命令以及对外贸易部和海关总署的命令、指示、规章、办法。

3. 参与研究海关政策问题。

4. 参与拟订有关海关税则问题的国际条约和协定草案。

5. 参与拟订海关税则和修改税则的方案，并决定税则应用的问题。

6. 以海关法为依据，单独或会同有关部门颁发各种海关业务规章、办法。

7. 审核各地海关对于走私案件的处分决定，并审理对海关机关在执行任务时所提出的申诉。

8. 决定关税的临时减免，但是属于关税收入预算内的减免须先征得财政部同意。

9. 核销人民币 1000 元以下的税款和其他收入的呆账，超过人民币 1000 元的呆账须会同财政部办理。

10. 编制对外贸易海关统计。

（三）对外贸易部海关管理局（1960.11—1980.2）

1960 年 11 月 15 日，经对外贸易部报国务院批准，中央人民政府对外贸易部海关总署改称对外贸易部海关管理局。各地海关体制下放，下放后的各海关受地方党政和对外贸易部双重领导［见《国务院批转对外贸易部关于各地海关（关）、商品检验局（处）体制下放和人员精简问题的报告》（直秘杨字 195 号）］。

1963年7月，对外贸易部对1955年7月颁布的"对外贸易部各行政单位工作任务和组织机构（草案）"进行了修订，体制下放后的海关管理局职能任务也做了相应调整［见《对外贸易部海关管理局工作任务和组织机构（草案）》］。

调整内容主要是：在部的领导下，领导各地海关依据海关法和对外贸易管制的法令、决定，对进出国境的货物、货币、金银、邮递物品、旅客行李、运输工具及其服务人员所带物品，执行实际的监管；征收关税；查禁走私；检查货运事故；并办理日常业务。

其具体任务是：

1. 研究海关方针政策，督导和检查各地海关工作。

2. 拟定海关法令、规章、制度，下达海关具体业务问题的指示。

3. 研究办理海关机构的设置、撤销和变更事项。

4. 参与拟定海关税则和修改税则的方案，并解释海关税则，审定关税完税价格。

5. 办理征税工作，处理关税和船舶吨税的临时减免问题，按规定限额核销税款和其他收入的呆账。

6. 处理特案批准进出口货物和个人自用物品查验、免验、征税、免税、扣留、放行的问题。

7. 核发外国货物通过我国国境的过境货物许可证。

8. 审理走私、违章、税则归类和估价等申诉案件，并作最后决定。

9. 参与拟定有关海关问题的国际条约和协定草案，办理我国海关与外国海关之间联络事项。

10. 编制对外贸易海关统计。

11. 研究整理我国海关历史资料和外国海关制度、关税制度等有关资料。

12. 协助人事局管理海关队伍和培养训练海关干部。

13. 办理其他有关事项。

其后 10 多年间，海关管理局职能未再作明确调整。

（四）中华人民共和国海关总署（副部级，1980.2—1998.03）

1980 年 2 月 9 日，经国务院决定，全国海关建制收归中央统一管理，成立中华人民共和国海关总署，直属国务院领导〔见《国务院关于改革海关管理体制的决定》（国发〔1980〕42 号）〕。

1988 年 8 月 9 日，海关总署遵照国务院关于"在政府机构改革中不作大的变动的单位，也要根据各自不同的任务，'转变职能、下放权力、调整结构、精简人员'"的指示精神，制发《海关总署"三定"方案》（〔1988〕署人字第 1002 号），规定海关总署的职能任务是：在国务院领导下，统一管理全国海关的职能部门。其主要任务是：领导和组织全国海关正确贯彻实施《海关法》和国家有关政策法规，实施对进出关境运输工具、货物、物品的监督管理，征收关税和其他税、费，查缉走私，编制海关统计，办理其他海关业务，积极贯彻"促进为主"的方针，发挥"把关服务"的职能，促进和保护社会主义现代化建设。

其主要职责是：

1. 研究拟订海关各项业务工作的方针、政策、法律、法规，并检查、督促全国海关贯彻执行。

2. 参与制订和修订关税条例、进出口税则，并组织贯彻实施。

3. 领导全国海关依法监管进出境运输工具、货物和物品，严密制度，简化手续，加强后续管理，方便合法进出。

4. 统一管理关税征收和减免事项。

5. 组织领导全国海关的缉私工作。

6. 审议有关纳税争议和对海关处罚决定的复议申请。

7. 负责全国海关统计，开展统计分析和咨询服务。

8. 组织研制、引进和开发应用海关技术设施。

9. 管理全国海关的组织机构、人员编制、工资福利、专业培训、专业职务评定、署管干部任免。

10. 组织推动全国海关的社会主义精神文明建设，加强思想政治工作。

11. 管理全国海关的经费、财务、车船、科技装备、固定资产和基本建设，并进行审计监督。

12. 监督、检查全国海关工作人员执法、守法情况，查处违反政纪的案件。

13. 拟订或参与拟订有关海关问题的国际条约和协定草案。

14. 开展同外国海关、国际海关组织及有关国际机构的联系、交往和合作。

1989年，《海关总署工作规则》对"三定"方案中列出的海关总署职能任务作了又一次强调[见《关于印发〈海关总署工作规则〉的通知》（〔1989〕署办字第394号）]。

（五）中华人民共和国海关总署（正部级，1998.03至今）

1998年3月29日，《国务院关于机构设置的通知》（国发〔1998〕

5 号）决定，设置海关总署为国务院直属机构，正部级。1998 年 8 月 10 日，国务院办公厅制发了《国务院办公厅关于印发海关总署职能配置、内设机构和人员编制规定的通知》（国办发〔1998〕114 号），海关总署据此下发《海关总署关于国务院机构改革后海关总署机构设置及职责调整的通知》（署办〔1998〕224 号），规定了海关总署的职能调整内容和主要职责。

1. 职能调整

（1）划入的职能：

①撤销国家口岸办公室，将其口岸规划、审理等职能交给海关总署承担。

②撤销全国打击走私领导小组，其职能交给海关总署承担，由海关总署统一负责打击走私工作。

③将原由对外贸易经济合作部负责的出口商品原产地规则协调管理职能，交给海关总署承担。

④将原由国务院关税税则委员会负责的有关立法调查研究工作、税法起草工作和税法执行过程中的一般性解释工作，交给海关总署承担。

（2）转变的职能：

①取消原国家口岸办公室有关指导地方口岸管理的职能。

②将海关车船、服装、计算机、检查设备等装备的购置及建造和实施教育培训计划及机关事务管理职能，交给总署直属事业单位承担。

2. 主要职责

（1）研究拟定海关工作的方针、政策、法律、法规和发展规划并组织实施和监督检查。

（2）研究拟定关税征管条例及实施细则，组织实施进出口关税及其他税费的征收管理，依法执行反倾销、反补贴措施。

（3）组织实施进出境运输工具、货物、行邮物品和其他物品的监管，研究拟定加工贸易、保税区、保税仓库、保税工厂及其他保税业务的监管制度并组织实施。

（4）研究拟定进出口商品分类目录，拟定进出口商品原产地规则，组织实施知识产权海关保护。

（5）编制国家进出口贸易统计，发布国家进出口贸易统计信息。

（6）统一负责打击走私工作，组织查处走私案件，组织实施海关缉私，负责对走私犯罪案件进行侦查、拘留、执行逮捕、预审工作。

（7）制订海关稽查规章制度，组织实施海关稽查。

（8）研究拟定口岸对外开放的整体规划及口岸规范的具体措施和办法，审理口岸开放。

（9）垂直管理全国海关，管理全国海关的组织机构、人员编制、工资福利、教育培训及署管干部任免。

（10）研究拟定海关科技发展规划，组织实施海关信息化管理，管理全国海关经费、固定资产和基本建设。

（11）开展海关领域的国际合作与交流。

（12）承办国务院交办的其他事项。

另外，根据国务院国办发〔1998〕114号文规定，管理国家出入境检验检疫局。

2001年4月30日，《国务院关于国家工商行政管理局、新闻出版署、国家质量技术监督局、国家出入境检验检疫局机构调整的通知》（国发〔2001〕13号）决定：国家出入境检验检疫局划归国家质量监督检验检疫总局，不再由海关总署管理，海关总署管理国家出入境检验检疫局的职责取消。

三、海关总署工作指导思想及工作方针的演变

海关工作方针是在一定历史时期内，为实现党和国家赋予海关的职能，解决海关工作主要矛盾，以达到一定目的而确定的指导性原则。自1949年10月25日中华人民共和国海关总署成立时起，中国海关作为国家的进出关境监督管理机关，为有效发挥"国门卫士"的职能作用，在社会主义建设的不同历史时期，根据政治经济形势的发展变化和国家总的战略要求，及时调整海关职能的业务指导思想，实行与之相适应的海关工作指导方针。

（一）1949年10月至1978年12月，实行以保卫、防范为主的海关工作指导思想，保护国家经济的恢复和发展

中华人民共和国建立初期，处于国民经济恢复时期，百废待兴。面对严峻形势，中国海关贯彻中央政府决定的独立自主原则和保护贸易政策，实施对外贸易管制，建立以许可证为依据的进出口货物监管制度，对进出境活动严格管理。1951年4月18日，中央人民政府政务院颁布实施《中华人民共和国暂行海关法》[见档号：004-01-0206-101　标题：关于实施中华人民共和国暂行海关法的指示（政财字第七十号）]，以及《中华人民共和国海关进出口税则》[见档号：029-01-0060-192]及其暂行实施条例，充分体现了独立自主和保护国家经济发展的精神。

1956年我国社会主义改造基本完成，计划经济体制基本形成，在这种形势下，海关对进出境经济活动监督管理的重心，由进出口货运转到对进出口非贸易性物品的监管，将"经济政治保卫"作为海关的工作中心［见档号：098-01-0961-009 标题：1954年海关工作总结和1955年工作安排］。在计划经济时代，由于受到外来经济政治侵袭，某种程度上闭关自守的特定历史条件下，中国海关采取保卫、防范为主的海关工作指导思想，对于把好国门、保护国内生产，发挥了积极作用。

（二）1978年12月至1994年7月，实行以"促进为主"的海关工作指导方针，促进国家经济快速发展

1978年以后，中国实行改革开放的基本国策，给社会主义建设注入新的活力，中华人民共和国海关作为国家的进出境监督管理机关，适应形势发展，不断深化改革，努力为促进和保障对外开放与社会主义现代化建设服务。中共十一届三中全会决定把党和国家的工作重点转移到社会主义现代化建设上来，确立以经济建设为中心的改革开放战略，中国进入一个新的发展阶段。面对新的形势，海关顺应国家工作重点的转移，适时将工作方针调整为"依法监管征税、方便合法进出、制止走私违法、保护促进四化"，把方便合法进出和促进现代化建设明确列入指导方针。随着进出口贸易大幅度上升，利用外资逐年递增，对外贸易方式和运输方式增多，进出口业务日益频繁，对海关工作不断提出新的要求。适应形势发展，海关总署于1986年初进一步提出，海关工作的指导方针要从以"防范为主"，转为以"促进为主"，把着眼点放在促进对外经济、贸易、科技、文化交流和对外交往活动上［见海关总署《关于印发全国直

属海关办公室主任会议文件的通知》（〔1986〕署办字第1216号）〕。"促进为主"方针的实行，对于推动海关各项改革、支持经济发展和对外开放发展发挥了重要作用。

（三）1994年8月至2001年3月，实行"依法行政、贯彻政策"的海关工作基本准则和"依法行政、为国把关"的方针，强化法制和把关，维护社会主义市场经济健康发展

1992年10月，中国共产党第十四次全国代表大会提出建立社会主义市场经济体制，中国的改革开放和现代化建设事业进入一个新的发展阶段。海关作为国家宏观调控的一个重要执行部门，针对当时海关工作中存在片面理解和执行"促进为主"方针、忽视严格执法的现象，海关总署于1994年8月提出"依法行政、贯彻政策"的海关工作基本准则〔见海关总署《海关简报》1994年第78期〕。基本准则是对"促进为主"方针的补充和深化，强调不能离开法律和政策去谈"促进"和"服务"。

1997年中国共产党第十五次全国代表大会确立"依法治国"基本方略，海关总署根据中央决策精神，总结改革开放以来，特别是在社会主义市场经济体制下，执法活动正反两个方面的经验教训，于1999年1月确定"依法行政、为国把关"为海关工作方针〔见海关总署《海关要情》1999年第24期〕。其内涵是：要求海关履行把关和服务职能应该在法的原则下进行，树立法治意识、把关意识和服务意识，抓好法制建设、现代化建设和队伍建设。全国海关在"依法行政、为国把关"方针指导下，严厉打击走私违法活动，严密税收征管机制，切实落实国家进出口宏观调控各项政策措施，实现全国范围的计算机联网监管，有效地发挥了海关监督管理的职能作用。

（四）2001年4月开始，实行"依法行政、为国把关、服务经济、促进发展"海关工作方针，将"把关"与"服务"有机结合起来，更好地为建立社会主义市场经济体制和现代化建设服务

海关总署于2001年4月提出"依法行政、为国把关、服务经济、促进发展"的海关业务指导思想，其内涵是：以"依法行政"为基本准则，以"促进发展"为根本宗旨，全面落实"为国把关"和"服务经济"两个职能。2002年1月，海关总署正式将其确立为海关工作方针［见《海关总署办公厅关于海关系统学习贯彻2002年全国海关关长会议精神情况的通报》（署办发〔2002〕14号）］。实行这一方针，对全面推进海关业务制度的改革与创新和推动中国对外贸易健康稳定发展、增强国家财力发挥日益重要的作用。

四、海关总署的隶属关系

（一）直属政务院，实行垂直领导阶段（1949.10—1952.12）

1949年10月25日，中华人民共和国中央人民政府海关总署成立。1950年3月8日，按照中央人民政府组织法的规定和编制序列，海关总署为中央人民政府政务院的一个职能部门和组成部分，同时接受中央人民政府财政经济委员会领导［见档号：017-01-0030-013　标题：中央人民政府财政经济委员会通知（1950年财经总字第1130号）］。

1950年3月，中央人民政府政务院财政经济委员会发布了《关于海关总署直接领导全国各地海关的通知》[见档号：035-01-0006-030 标题：中央人民政府海关总署通令第二十一号]；12月，政务院发布《中央人民政府政务院关于设立海关原则和调整全国海关机构的指示》[见档号：004-01-0186-007]，确立了海关总署垂直领导全国海关的组织机构体系。海关总署负责领导与管理全国海关及其事务，地方海关同时接受各大行政区和直辖市财政经济委员会指导。

1950年，全国设立海关27个，分关19个，支关（所、站）127个。其中，老解放区海关9个，包括满洲里、绥芬河、图们、辑安（现为集安）、安东（现为丹东）、旅大（现为大连）、营口、瓦房店、烟台等关；新接管的海关18个，包括天津、青岛、上海、福州、厦门、汕头、广州、九龙、拱北、江门、北海、湛江、琼州（现为海口）、迪化（现为乌鲁木齐）、汉口（现为武汉）、昆明、腾冲、龙州等关[见档号：098-01-0020-034 标题：设关问题和各关组织编制问题]。

（二）直属外贸部，实行垂直领导阶段（1952.12—1960.11）

1952年12月25日，中央人民政府政务院发布命令：中央人民政府海关总署划归中央人民政府对外贸易部领导，成为对外贸易部的职能部门和组成部分，改称中央人民政府对外贸易部海关总署。按照政务院的命令，各口岸对外贸易管理局及其分支机构也与当地海关合并，统称海关。关局合并后，各地海关组织建制直属对外贸易部海关总署，同时受海关所在地大行政区或省、市财政经济委员会监督指导〔见档号：098-01-0480-001 标题：政务院关于调整机构紧缩编制的决定（政政字第173号）〕。

1955年9月，中央调整各地海关的领导关系，各地方海关改受对外贸易部和所在地的省或直辖市人民委员会双重领导，并受该省（市）对外贸易局的指导〔见档号：002-01-0075-004 标题：国务院关于调整各地海关任务和领导关系的通知（〔55〕国密云174号）〕。

1959年，全国设有海关25个，分关17个，支关30个，另有海关总署驻青海省、四川省的两个工作组及上海海关学校和海关总署干部学校（设于天津）〔见档号：098-02-0259-091 标题：全国海关机构变动的通知〕。

（三）直属外贸部，实行海关体制下放阶段（1960.11—1980.02）

1960年11月15日，根据《国务院批转对外贸易部关于各地海关（关）、商品检验局（处）体制下放和人员精简问题的报告》（直秘杨字195号），各地海关体制下放，海关总署改称海关管理局，仍归对外贸易部领导，是对外贸易部的职能部门和组成部分。全国各地海关体制下放各省、自治区或者直辖市管理，组织建制不再直属对外贸易部海关总署。下放后各海关受地方党政和外贸部双重领导，地方党政领导为主，对外贸易部领导为辅，编制人员列入所在省、自治区、直辖市人民委员会编制之内，成为各地外贸局（商业厅）的一个组成部分。

1978年底，实行对外开放政策以前，全国设有海关31个，分关18个，支关36个*。

（四）直属国务院，实行垂直领导阶段（1980.2 — 1998.03）

1980年2月9日，国务院制发《国务院关于改革海关管理体制的决定》（国发〔1980〕42号），全国海关建制收归中央统一管理，成立中华人民共和国海关总署，直属国务院领导。根据国务院决定及《海关法》的规定，海关系统再次实行集中统一的垂直领导，海关总署统一管理全国海关机构和人员编制及其业务，各地海关同时受所在省、自治区、直辖市人民政府监督指导。各地海关机构的设立、撤销，由海关总署会同有关部门报国务院审批。全国海关的经费、基建、物资、外汇均由海关总署统一管理，海关专业干部需定期或不定期由海关总署予以调整、调动。

随着国家改革开放的不断深化，海关监督管理的范围日益扩大，海关机构大量增加。1980年全国海关机构共有100个。1985年2月18日，海关总署印发了《关于统一海关机构名称和调整隶属关系的通知》（〔1985〕署办字120号），将海关、分关、支关的名称统一称为海关，并分为局、副局、处、科4级。其中局级海关、部分副局及处级海关由总署直接领导，称为直属海关。其余海关分别隶属于这些直属海关。海关机构的隶属关系由海关总署根据需要确定，不受行政区划的限制。1989年，全国海关机构增加到195个，其中，直属正局级海关24个、副局级海关10个、处级海关3个，非

---

* 此内容由海关总署人教司工编处提供。

直属副局级海关3个、处级海关108个、副处级海关1个、科级海关43个；海关院校3所（上海海关专科学校、中国海关管理干部学院、秦皇岛海关学校）*。

（五）国务院直属机构，实行垂直领导阶段（正部级，1998.03至今）

1998年3月29日，《国务院关于机构设置的通知》（国发〔1998〕5号）决定，设置海关总署为国务院直属机构，正部级，直属国务院领导。海关系统仍实行集中统一的垂直领导体制，各地海关仍由海关总署统一管理，同时受所在省、市、自治区人民政府监督指导。1998年底，全国海关机构共345个，其中，分署1个（广东分署），直属局级海关41个、隶属海关300个，海关院校3所（上海海关高等专科学校、中国海关管理干部学院、秦皇岛海关学校）。

1999年12月22日，根据《国务院关于进一步调整国务院部门（单位）所属学校管理体制和布局结构的决定》（国发〔1999〕26号）文件精神，海关总署等12个部委继续管理其所属学校。

2006年，全国海关正局级直属单位44个，副局级隶属海关12个，正处级隶属海关276个，副处级隶属海关9个，正科级隶属海关25个，正处级派驻机构133个，副处级派驻机构73个，正科级派驻机构63个，正处级内设机构624个，副处级内设机构130个，正科级内设机构4794个*。

---

* 此内容由海关总署人教司工编处提供。

五、海关总署（海关管理局）历任领导人名录

（一）中央人民政府海关总署（1949.10 — 1952.12）

姓　名	职　务	任　期	备　注
孔　原	署长	1949.10－1952.12	
丁贵堂	副署长	1949.10－1952.12	

（二）对外贸易部海关总署（1952.12 — 1960.11）

姓　名	职　务	任　期	备　注
孔　原	署长	1953.01－1954.12	1952年12月起任对外贸易部副部长兼
林海云	署长	1954.12－1960.11	1956年9月起任对外贸易部副部长兼
丁贵堂	副署长	1953.01－1960.11	
胡仁奎	副署长	1953.01－1960.11	1953年3月至1954年12月主持全面工作，1956年9月起主持日常工作
殷之钺	副署长	1956.09－1960.11	

（三）对外贸易部海关管理局（1960.11 — 1980.05）

姓　名	职　务	任　期	备　注
丁贵堂	局长	1960.11－1962.11	
江　明	局长	1963.06－1969.12	对外贸易部副部长兼
朱剑白	局长	1969.12－1980.05	1969年12月至1971年12月海关管理局由外贸部第三、四业务组代替

姓　名	职　务	任　期	备　注
胡仁奎	副局长	1960.11－1961.04	主持日常工作
鹿毅夫	副局长	1961.01－1969.05	1961年4月起主持日常工作
殷之钺	副局长	1960.11－1977.10	
边　光	副局长	1965.03－1977.12	
徐国英	副局长	1973.03－1980.05	
刘　恕	副局长	1973.09－1974.01	
王斗光	副局长	1977.08－1980.05	
高　祚	副局长	1979.03－1980.05	
宿世芳	副局长	1979.03－1980.05	

（四）中华人民共和国海关总署（副部级，直属国务院，1980.05 — 1998.04 ）

姓　名	职　务	任　期	备　注
王润生	署长	1980.05－1984.11	对外贸易部副部长兼
戴　杰	署长	1984.11－1993.01	
钱冠林	署长	1993.01－1998.04	1990年3月至1992年12月任副署长
朱剑白	副署长	1980.05－1983.01	
徐国英	副署长	1980.05－1983.01	
王斗光	副署长	1980.05－1983.01	
刘　恕	副署长	1980.05－1983.01	
宿世芳	副署长	1980.05－1990.03	
高　祚	副署长	1980.05－1985.09	
王洁平	副署长	1984.04－1989.08	

姓 名	职 务	任 期	备 注
吴乃文	副署长	1984.11－1995.05	
甄 朴	副署长	1986.10－1991.03	
于庚申	副署长	1989.08－1993.04	
刘文杰	副署长	1991.03－1998.04	原汕头海关关长提任
黄汝凤	副署长	1993.04－1998.04	
王乐毅	副署长	1993.08－1998.04	
端木君	副署长	1995.05－1998.04	
秦 岭	党组成员	1983.01－1993.05	1983年1月至1986年1月任人教司司长，1986年1月至1993年5月任纪检组组长兼监察局局长
李克农	党组成员	1995.05－2000.04	办公室(厅)主任
王瑞林	党组成员	1995.05－1998.04	纪检组组长兼监察局局长

（五）中华人民共和国海关总署（正部级，直属国务院，1998.04至今）

姓 名	职 务	任 期	备 注
钱冠林	署长	1998.04－2001.03	
牟新生	署长	2001.03－	1998年12月至2001年3月任副署长
刘 京	副署长	1998.04－2000.07	
赵光华	副署长	1998.04－2003.03	
田润之	副署长	1998.04－1999.09	兼国家出入境检验检疫局局长
王乐毅	副署长	1998.10－2001.03	1998年4月至10月为党组成员
李长江	副署长	1999.09－2001.03	

姓 名	职 务	任 期	备 注
盛光祖	副署长	2000.04—	
李克农	副署长	2000.04—	
刘文杰	副署长	2001.05—	
龚 正	副署长	2003.03—	
孙松璞	副署长	2003.10—	
赵 荣	党组成员	2000.08—2005.03	2000年8月起任纪检组组长
黄汝凤	党组成员	1998.04—2001.10	1998年4月至2000年8月任纪检组组长
甄 朴	政治部主任	2001.05—2004.04	
叶 剑	党组成员	1998.04—2005.11	
端木君	党组成员	1998.04—2005.03	
杨国勋	党组成员	2002.02—2005.03	兼科技发展司司长，2002年5月任海关总署总工程师
鲁培军	党组成员	2004.04—	2004年4月任海关总署政治部主任
胡玉敏	党组成员	2005.03—	2005年3月任纪检组组长
吕 滨	党组成员	2005.11—	

六、海关总署内部机构设置及其职责的演变情况

（一）直属政务院领导，中央人民政府海关总署阶段（1949.10—1952.12）

1949年12月政务院第13次政务会议批准试行的《中央人民政

府海关总署试行组织条例》[见档号：098-01-0060-005]，规定海关总署内部设立 10 个机构，即办公厅、税则处、货运监管处、查私处、海务处、财务处、统计处、视察处、人事处、总务处（见图 1-1）。

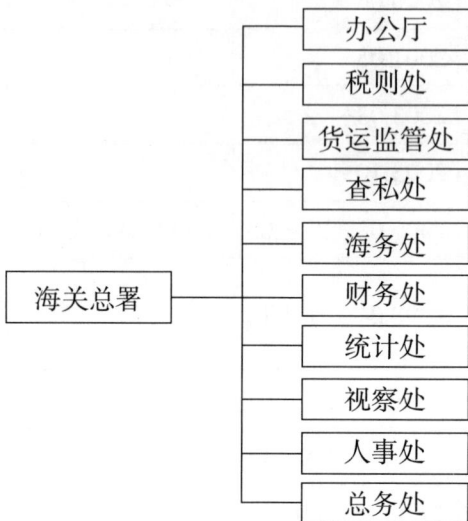

图 1-1　1949 年海关总署机构设置图

此外，另设有海关总署上海办事处，海关总署华南海关处[见档号：098-01-0040-009　标题：中央财政经济委员会同意在上海设立临时办事机构（〔1949〕财经计 30 号）；档号：098-01-0076-004标题：海关总署关于建立华南海关处问题的情况和意见]。

1949 年，经政务院批准的《中央人民政府海关总署试行组织条例（草案）》[见档号：098-01-0029-004]规定，海关总署各厅、处的职责任务分别是：

1. 办公厅

襄助署长建立总署内外联系，准备组织各种会议，管理文件收发与机要事宜，担任法律咨询、资料编译，检查总署首长命令指示的执行，办理文书之拟订、缮印、校核及掌管总署印信档案。

2. 税则处

拟订海关税则方案及有关海关税则问题的国际条约和协定草案，指导税则分类解释，制订货物估价方法，以及对此问题所提出之申诉。

3. 货运监管处

草拟进出口货物、邮包、旅客行李及经过国境之交通运输工具等监管章则、训令、指示，督导各地海关对上述章则命令的执行，审查关于违反关章不服海关措施所提出之申述。

4. 查私处

督导查私工作，拟订查私条例与训令指示，管领关警及查私舰艇、武器，统筹私货标卖，及审理关于走私的申诉事宜。

5. 海务处

指导海务、港务，视察海港设备及其他助航之装置情况与工作，拟订修建计划，掌管海关船只，负责船只之供应及技术事宜。

6. 财务处

编造总署及各关人员定额，财政计划和预算决算方案，并监督其执行。指导审核总署及各关经费税款之会计出纳，编制财政经济工作报告。

7. 统计处

编制商品目录，制订中华人民共和国对外贸易海关统计之方法，编辑对外贸易统计概要、计划与出版刊物。

8. 视察处

审查各地海关执行海关法令、规章、训令的情形，并帮助其计划工作，调查研究及审核各地海关工作，并提出改进工作之建议，处理违法失职案件。

9. 人事处

统一掌管全国海关干部人员之鉴定，任免、陞升、奖惩、调遣事宜，分别向总署领导方面及各关领导方面提出建议，拟订并实行关于提高海关工作人员政治素质与业务水平的办法，指导员工福利事宜，调查统计干部人员，保管人事档案。

10. 总务处

掌管总署财务出纳及海关公用物品的购置供应，管理总署办公房屋、宿舍、用具及交通工具，建立机关工作秩序，保养关产及其他庶务事宜。

1951年，因海关职能的调整，海关总署取消了内设机构中的海务处，海关总署内设机构减少为：办公厅、货运监管处、查私处、统计处、税则处、人事处、总务处、财务处和视察处（见图1-2）[见档号：098-01-0278-100　标题：海关总署第89次署务会议记录]。

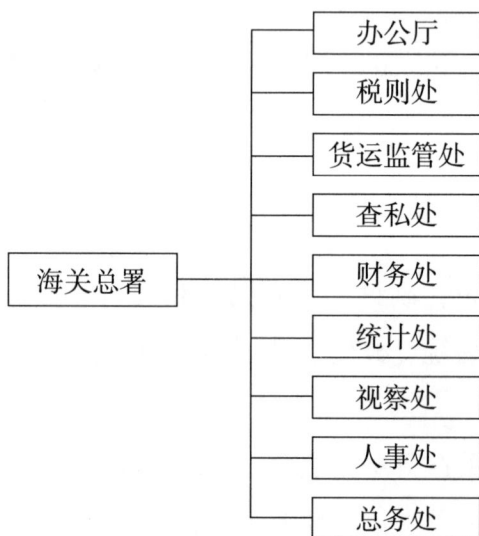

图 1-2　1951 年海关总署机构设置图

1952年撤销华南海关处[见档号：098-01-0456-028 标题：具报本处于1952年2月25日起撤销敬祈鉴核（关处字824号）]，成立海关总署驻华南特派员办事处[见档号：098-01-0457-002 标题：奉海关总署通知派孙传禄代理海关总署驻华南特派员遵于2月25日就职视事函请查照（特普1号）]。

（二）直属对外贸易部领导，对外贸易部海关总署阶段（1952.12—1960.11）

1952年12月，海关总署划归对外贸易部领导，成为对外贸易部的职能部门和组成部分，其内设机构也发生相应变化：办公厅更名为办公室；货运监管处与税则处集中纳税科合并，改设货运监管第一处（对资本主义国家）及货运监管第二处（对苏新国家*）；财务处除总务、会计、关产并入办公室外，其原掌管的海关系统税收征解与经费会计工作与对外贸易部行政财务工作部门合并；撤销总务处；增设了进出口处、审价处[见档号：098-01-0632-001标题：海关总署组织机构调整方案（草案）]。

调整后，海关总署的内设机构为：办公室、进出口处、审价处、第一货运监管处、第二货运监管处、税则处、查私处、统计处、视察处、人事处、监察室（见图1-3）。

根据《海关总署组织机构调整方案（草案）》，各部门的职责任务分别是：

1. 办公室

协助署长综合情况，研究政策，组织推动全署工作；协助署长

---

*苏新国家：苏联和新民主主义国家的简称。

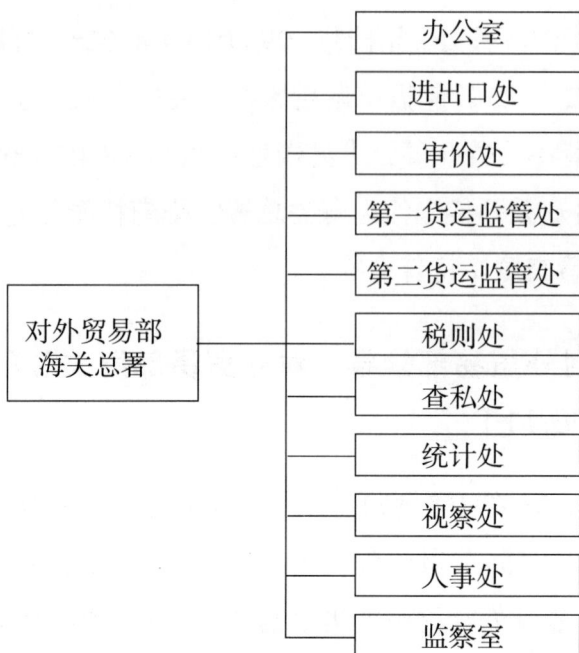

图 1-3 1952 年对外贸易部海关总署机构设置图

建立与密切内外关系；办理机要保密工作；主持日常行政及编译出版工作；管理机关事务。

2. 进出口处

研究起草并修订对外贸易管理法规，拟订易货办法及附表并检查执行情况；研究并拟订有关鼓励输出与及时组织进口的各项办法与措施；配合国营对外贸易进出口计划，编定与掌握地方公私营进出口计划并检查其执行情况；根据进出口货品管理及既定的进出口计划，决定与批准各项货品的进出口数量；配合中国银行掌握地方公私营进出口厂商的登记管理工作。

3. 审价处

根据进出口货品的国内外产销情况及市场动态，确定中央掌握的各项货品审价，并掌握口岸审价情况；计算主要进出口货品的盈亏,并会同有关单位定期研究与确定各种货品的价格政策; 配合有关部门,研究与分析进出口货品国际市场价格的变化和趋势,掌握进出口各项使费情况;掌握与研究各口岸的商情出版工作。

4. 第一货运监管处

草拟对资本主义国家进出口货运的监管,查验的章则、命令、指示并督导各地海关执行;草拟和审核有关进出口运输工具、仓库的各项监管规章;审定各地区进出口小额贸易管理办法;审理关于违反关章不服海关处分的案件。

5. 第二货运监管处

草拟对苏联及新民主主义国家进出口和过境货运的监管,验征的章则、命令、指示,并督导各地海关执行;检查有关货运积压及其他不规则现象,并会同有关部门研究解决办法;审理关于违反关章不服海关处分的申诉案件。

6. 税则处

拟订修订海关税则税率方案, 及有关海关税则方面的国际条约和协定草案;提出关于修订对外贸易管理暂行条例的进出口货物管理意见;监督海关税则的应用, 指导税则归类解释及应税货物的估价工作; 指导各海关代征各项税费工作; 根据法令指示决定关税的减免; 审核各关估价征税工作及有关的案件。

7. 查私处

拟订查禁走私及关于保管标卖没收充公货物与奖金等章则办法并督导各地海关执行;调查研究全国各地走私情况, 汇报、交流查私工作经验, 指导各关查私工作; 拟订各部门配合查私与组织群众反走私斗争方案和具体措施; 审理各地对走私处分不服的申诉案件。

8. 统计处

拟订对外贸易海关统计的方法，指导各关统计工作；编辑对外贸易统计，出版有关刊物。

9. 视察处

视察各地海关执行海关法令、规章、命令的情形，并提出工作建议；审核研究各地海关综合性的工作计划，工作报告、总结；研究各地海关组织机构存废、移设、改变等问题。

10. 人事处

统一掌管全国海关干部人员任免、升降、奖惩、调遣、鉴定及工资评定等级事宜，分别向署及部人事局领导方面提出建议；拟订并实行关于提高海关工作人员政治与业务水平的办法；掌管全国海关福利基金，并指导员工福利事宜。

11. 监察室

直接受署长领导，并受中央监察委员会的指导，具体负责海关系统的纪律检查、监督工作。

1953年3月，海关总署驻华南特派员办事处撤销［见档号：098-01-0457-044　标题：撤销海关总署驻华南特派员及其办事处（关公字第814号）］。

1954年4月，根据中央精简机构、紧缩编制精神，海关总署的视察处、进出口处、审价处、监察室分别并入对外贸易部第三局、商情物价局和监察局。调整后的海关总署内设机构是：办公室、第一货运监管处、第二货运监管处、查私处、统计处、人事处和税则处。税则处后转入税则委员会［见档号：098-01-0860-002

标题：海关总署关于紧缩编制调整本署机构及人员（〔1954〕关人652号）〕。

1955年1月，经对外贸易部批准，将原第一货运监管处与第二货运监管处合并，改称货运监管处；原查私处划分为查私处和行李邮包处；增设法律处。调整后的海关总署内设机构是：办公室、货运监管处、税则处、查私处、行李邮包处、法律处、统计处、人事处〔见档号：098-01-0944-007　标题：海关总署通知署内机构调整（〔55〕关公116号）〕。

1955年7月，对外贸易部批准颁布《海关总署组织条例》〔见档号：098-01-0944-017〕。该条例规定各部门职责为：

1. 办公室

协助署长综合情况，研究政策，组织推动全署工作；协助署长组织对各关视察工作；办理全国海关机构的设立、撤销和调整事宜；办理宣传编译出版工作；主持日常行政事务（包括公文处理、内外关系、组织会议、保密）；负责组织海关干部训练班的教学工作。

2. 货运监管处

草拟并研究海关对进出国境的货物（包括过境的外国货物）及运输工具的监管规章、办法；草拟并研究海关对进出口货运执行监督检查职责的有关规章办法；协助署长督导各地海关贯彻执行有关监管的规章办法；研究审查有关货运监管的违章申诉案件；会同有关部门研究、审核边沿地区小额贸易的监管问题。

3. 税则处

参与草拟和修订海关税则、税率及有关税则问题的国际条约和协定草案；草拟有关实施海关税则的方案，解释税则，并处理有关完税价格的问题；草拟研究有关进出口货物关税征免的规章、办法并指导各关及进出口公司办理的征税事宜；研究审查有关税则归类、完税价格和征税方面的申诉案件。

4. 查私处

草拟并研究有关查禁走私的规章、办法，并协助署长督导各关贯彻执行；研究全国走私情况，总结反走私经验，并指导各关查私工作；审核各关对走私案件的处分决定并研究审查有关走私处分的申诉案件；指导各关办理处理没收物品与奖励查私事项。

5. 行李邮包处

草拟并研究有关进出国境人员所携带的行李物品，国际邮递物品、礼品、广告品、样品、使领馆公用物品等非商业性物品进出口的监管规章、办法，并协助署长督导各关贯彻执行；办理有关进出国境人员行李物品特殊免验事项，会同税则处办理有关行李物品、邮递自用物品征免关税事项；研究审查有关上述物品的违章申诉案件。

6. 统计处

按照本部和国家统计局的规定，编制全国对外贸易实际进出口货物统计；负责解释和说明海关统计指标，并指导各关对统计原始资料的填报等工作；研究我国对外贸易实际进出口货物的数量价值的增加、商品的构成、经营成分等变化的情况，并编造海关统计简报及海关统计刊物。

7. 法律处

审查本署各业务单位草拟的规章、办法、命令和重要指示，以协助署长在海关业务中正确贯彻国家的法律法令；研究处理本署及各业务单位所提出的有关法律问题的咨询；参加审理对海关机关在执行任务时所提出的申诉案件；研究与海关业务有关的国家法律法令和与我有贸易关系的国家海关规章。

8. 人事处

协助署长拟订总署编制与人员配备、调整方案；管理总署工作人员的培养、使用、考绩、奖惩等事项；组织总署工作人员的政治、业务、外文学习；办理总署工作人员福利和评定工资工作；负责总署机关保卫工作；负责海关干部训练班的人事工作。

1956年8月，成立海关总署研究室（见图1-4）。其职责任务是：研究和整理我国海关的历史，研究我国和兄弟国家的海关制度和任务、海关业务、海关组织及其职能和关税；研究资本主义国家海关制度、海关活动和关税〔见档号：098-02-0033-009 标题：对外贸易部海关总署研究室工作任务和组织机构（草案）（〔1956〕关公丁

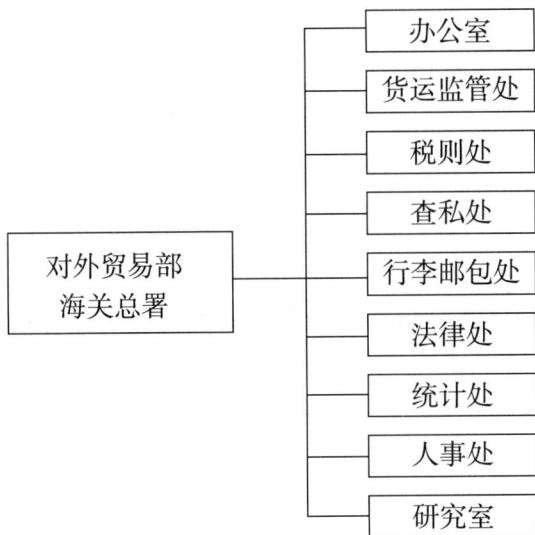

图 1-4　1956 年对外贸易部海关总署机构设置图

字796号）]。

1957年1月，海关总署法律处改称法律室[见档号: 098-02-0182-013 标题：海关总署内部组织机构设置和职责编制的意见]。

（三）直属对外贸易部领导，对外贸易部海关管理局阶段（1960.11–1979.12）

1960年11月，经对外贸易部报国务院批准，各地海关体制下放，中央人民政府对外贸易部海关总署改称海关管理局。其内设机构也进行了调整：取消人事处和法律室，局内机构变为两室五处。调整后，海关总署的内设机构为：办公室；研究室；税则处；查私处；货运监管处；行李邮包处和统计处（见图1-5）。

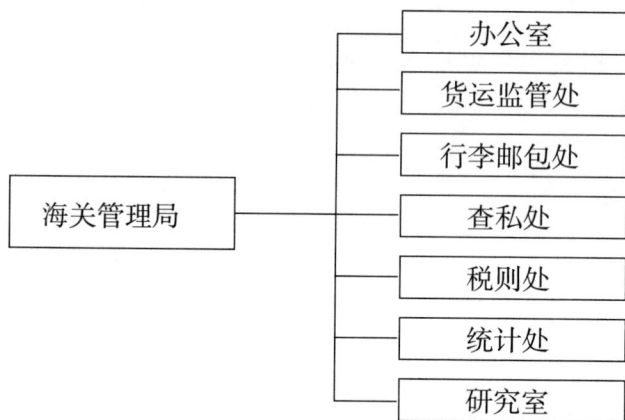

图1-5 1960年海关管理局机构设置图

根据《对外贸易部海关管理局工作任务和组织机构（草案）》，各部门的职能任务分别是：

1. 办公室

主管综合情况，草拟全面性的计划和总结报告及其他文件，海关机构设置、管理和培养教育干部、外事联络、组织安排会议、宣传出版、收发保管文电和日常行政事务等工作。

2. 货运监管处

主管海关对进出口货物、过境货物、展览品和运输工具的监管，检查货运事故和核发过境货物许可证等工作。

3. 行李邮包监管处

主管进出国境人员携带的行李物品、国际邮递物品、礼品、广告品、样品、使领馆公用物品的海关监管等工作。

4. 税则处

主管征收关税和其他代征税费工作。

5. 查私处

主管查禁走私非商业性印刷品的检查和技术检查设备等工作。

6. 统计处

搜集、审核统计原始资料，编制对外贸易海关统计和海关业务统计。

7. 研究室

编译海关历史资料、搜集研究外国有关海关和关税制度等资料。

1968 年 11 月，中国人民解放军外贸部军事代表文件《关于建立新的业务办事机构的通知》（〔68〕贸办字第 2 号）下发，海关管理局建制被取消，海关与商检部门合并建立为外贸部第三业务组，后又改称第四业务组，海关管理局的处级内设机构都被取消。

1970 年 12 月，根据《关于报请调整外贸部机关组织机构请予备案》(〔70〕贸办字第85号），海关又与商检部门一起，由第四业务组改为了海关商检局。海关商检局内设4个处室，执行海关业务的处室为：海关一处和海关二处，其主要职能任务分别是：

1. 海关一处

主管货物征税；

2. 海关二处

主管查私、行邮工作。

1973年2月，根据《关于本部行政机构设置的通知》(〔73〕贸政字第40号），海关管理局恢复建制，重新主管海关各项工作。其下重新设立4个处：货管征税处、行邮处、查私处、综合处。

各处室的主要职能任务是：

1. 货管征税处

主管对进出境货物、运输工具和船员物品的监管工作，管理过境外国货物，核发过境货物许可证，掌握非贸易性物品和地方贸易物品税收和船舶吨税的征免原则。

2. 行邮处

主管进出境旅客、行李、邮包、金银货币的管理，总结交流经验，督促各关认真贯彻对外政策。

3. 查私处

主管查私工作和对进出境印刷品的管理工作，负责交流查私情报，改进技术检查设备，检查处理走私案件落实政策情况。

4. 综合处

研究国际海关、关税组织和各国海关、关税制度，负责有关海关工作的综合事项和海关法令的研究汇编、整理，有关执行海关业务必须的装备，如制服、印件等工作。

（四）直属国务院领导，中华人民共和国海关总署阶段（1980.02 — 1998.03）

1980年初，根据《关于总署处室负责人员名单的通知》（〔80〕署人字第1093号）精神，海关总署的内设机构确定为：办公室、货运监管处、行李邮包监管处、关税处、查私处、统计处、科技处、人事处、财务处、行政处。

1980年2月，国务院发布《关于改革海关管理体制的决定》（国发〔1980〕42号），全国海关建制收归中央统一管理，成立中华人民共和国海关总署（副部级），直属国务院领导。海关总署行政编制暂定220人。

1982年12月18日，《国务院关于海关总署机构编制的批复》（〔82〕国函字274号）下发，海关总署内设机构及附属事业单位确定为：办公室、货运监管司、行李邮递物品监管司、关税统计司、查私科技司、人事教育司和财务装备司等7个行政单位（见图1-6），

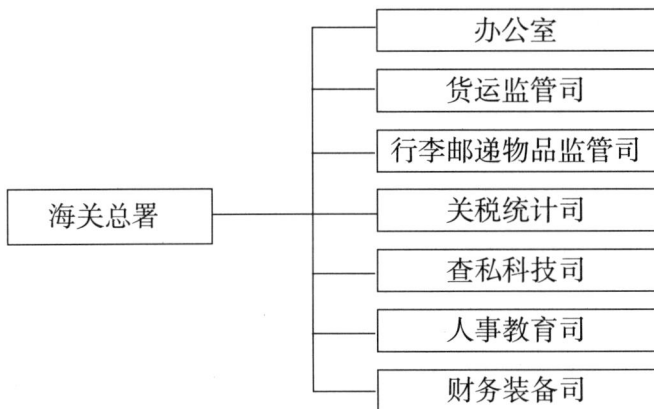

办公室

货运监管司

行李邮递物品监管司

海关总署 —— 关税统计司

查私科技司

人事教育司

财务装备司

图1-6 1982年海关总署机构设置图

海关出版印刷所 1 个事业单位。

此后，海关总署部分司、室的职责分工有所调整，具体如下：

1. 货管司

（1）对进出口货物的查验问题；

（2）运输工具的联检、监管检查以及配合有关部门对运输工具进行安全检查问题；

（3）来料加工、进料加工、补偿贸易进出口货物的监管和已有明确规定的征免税；

（4）进出口军事物资（包括特货）的监管和已有明确规定的征免税问题；

（5）国际组织包括救济团体和政府间的援助物资，外商、港商、侨商在经济贸易往来中免费提供的进口物资和外国企业团体（或个人）与我开展科技合作交流运进的展览、表演品，以及我出国人员带出外汇为单位采购携运进口物资；

（6）暂时进出口货物收取保证金；

（7）通车、通航问题，以货运为主的，未设关起运地、装卸点问题；

（8）民航、铁路协定问题。

2. 关税统计司

（1）拟定或改变征免税规定；

（2）贸易、海运协定问题；

（3）海关业务统计制度及报表。

3. 行邮司

（1）华侨、港澳同胞、外籍人及其团体捐赠的物资或馈赠个人（包括个体户）的生产资料，专供出国人员和外国驻华使领馆人员的进出口保税商品，"在外售券、国内取货"进口商品、外国旅游者购买的旅游纪念品的管理；

（2）我国驻外机构进出口公用物品的监管和征免税问题；

（3）国际特快专递邮袋的监管；

（4）通车、通航问题，以客运为主的。

4. 查私科技司

（1）搜查人身、检查信件夹带问题；

（2）货运和行邮物品走私、违章申诉案件的审理问题，各关按走私处理的。

5. 办公室

（1）通车、通航问题，涉及设立问题的；

（2）海关法规摘编问题，并拟订编辑要求、规格和印刷、校对、分发工作。

1984年8月，海关总署成立审计室〔见《关于我署建立审计室的通知》（〔1984〕署人字第701号）〕。

1985年1月，经国务院批准，海关总署部分内设机构进行了调整：原查私科技司分为科技装备司、查私司；原财务装备司改为财务司，原关税统计司改为关税司；原关税统计司统计处改为直属处，后于1986年4月撤销，设立综合统计司〔见《关于总署新设机构的通知》（〔1986〕署人字第898号）〕。

6月，劳动人事部下发劳人编〔1985〕97号文件，批准海关总署建立全国海关通信网络指挥中心〔见《关于海关系统增加事业编制的请示》（〔1986〕署人字第431号）附件〕。

同月,经国务院经济体制改革委员会批准,中国海关学会成立〔见《关于中国海关学会成立情况的报告》(〔1985〕署办字第942号)〕。

12月,经国务院批准,劳动人事部下发劳人编〔1985〕206号文件,海关总署设立政策研究室(司级机构)。

1986年4月,经国务院批准,海关总署建立全国海关计算中心〔见《关于总署新设机构的通知》(〔1986〕署人字第898号)〕。

年底,根据《关于印发〈海关总署内部机构职责分工〉的通知》(〔1986〕署政字第868号),海关总署的内设机构调整为:办公室、政策研究室、货运监管司、行李邮递物品监管司、关税司、查私司、综合统计司、科技装备司、财务司、人事教育司、审计室(见图1-7)。

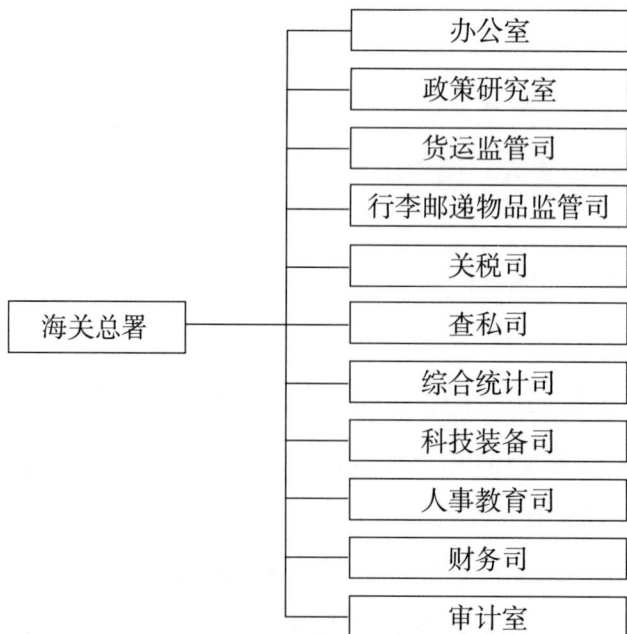

```
                    ┌──────────────────┐
                    │     办公室         │
                    ├──────────────────┤
                    │    政策研究室      │
                    ├──────────────────┤
                    │    货运监管司      │
                    ├──────────────────┤
                    │ 行李邮递物品监管司  │
                    ├──────────────────┤
                    │     关税司         │
   ┌─────────┐      ├──────────────────┤
   │ 海关总署 │──────│     查私司         │
   └─────────┘      ├──────────────────┤
                    │    综合统计司      │
                    ├──────────────────┤
                    │    科技装备司      │
                    ├──────────────────┤
                    │    人事教育司      │
                    ├──────────────────┤
                    │     财务司         │
                    ├──────────────────┤
                    │     审计室         │
                    └──────────────────┘
```

图 1-7 1986 年底海关总署机构设置图

1986年，海关总署各司、室的职责任务及机构设置分别为：

1. 办公室

职责任务：

（1）审阅署内各部门和各直属海关的工作报告、综合情况、沟通信息、协助署领导建立署内外联系；

（2）草拟一般性工作报告，负责重要署发文件的核稿，核编《海关简报》、《海关工作简报》、《海关信息》，编写总署大事记；

（3）组织署内会议和综合性的全国海关会议，检查督促会议决议的贯彻执行；

（4）综合平衡全国海关机构的设置，办理新设海关机构的有关事项和有关地方监督指导关系事宜；

（5）管理文、电、资料的收发、运转、催办、文印、归档和保密事宜，掌管总署印章；

（6）办理总署的人民来信来访和全国人大、政协提案的处理工作；

（7）负责外事联络工作的归口管理，制订并实施海关外事工作规章制度，外事活动计划和经费预算，管理总署派出国外的人员和机构，办理外事接待和有关出国人员的护照、签证；

（8）管理总署机关经费和固定资产，负责机关公用物品的采购和供应，办公用房和职工宿舍的分配和维修；

（9）管理机关安全保卫和总署行政事务，管理印刷所的工作。

机构设置：秘书处（值班室）、机要处、外事处、行政处、印刷所、保卫科。

2. 政策研究室

职责任务：

（1）研究草拟总署带有全局性、政策性的请示、报告和会议文件；

（2）组织研究海关工作中的综合性政策问题，并根据工作需要，有计划地开展专题调查研究，组织交流海关政策研究情况和经验，推动研究工作的开展；

（3）拟订海关法制建设规划和计划，并组织实施；组织起草《海关法》和综合性海关法规；组织清理海关法规、编辑海关法规汇编；

（4）协同有关司、室检查海关法规执行情况，研究存在的问题，提出改进建议；

（5）参与研究国际海关多边和双边合作的有关问题；统一管理和组织翻译外国海关、国际海关组织的法规及业务资料，会同有关司、室有计划、有选择地开展研究工作；

（6）搜集、整理国内有关政策、法规和其他资料；

（7）归口管理有关新闻报导和对外宣传工作，拟订对外宣传工作计划并组织实施；

（8）编辑出版《人民海关》。

机构设置：政策法规处、综合处、宣传处。

3. 货运监管司

（1）研究拟订海关对进出口货物（包括暂时进出口货物），各类保税货物和援助物资等以及过境、通运、转运货物的监管规章；

（2）研究拟订海关对进出境运输工具和集装箱的监管规章；

（3）研究拟订海关对进出经济特区等各类开放地区与对台贸易的货物和运输工具的监管规章；

（4）研究拟订海关对进出口货样、广告品和贸易性印刷品、影片、音像制品的监管规章；

（5）研究拟订有关货运监管的违章罚则，审理货运违章申诉案件，处理有关人民来信、来访；

（6）检查、指导各海关对上述规章的执行和货运监管工作的改革；

（7）参与研究、拟订国际条约或协定中有关货物和运输工具监管方面的条款，研究承办有关国际公约的事项。

机构设置：货运监管处、新贸监管处、特区监管处。

4. 行李邮递物品监管司

职责任务：

（1）研究拟订海关对进出境旅客、边民、运输工具服务人员和进出经济特区人员行李物品的监管规章；

（2）研究拟订海关对进出境个人邮递物品和国际特快专递邮件的监管规章；

（3）研究拟订入境旅客行李物品和个人邮递物品征收进口税办法和完税价格表；

（4）研究拟订海关对进出口非贸易性印刷品、影片和音像制品的监管规章；

（5）研究拟订海关对外国驻华使领馆、联合国驻华代表机构、外国企业常驻代表机构和新闻机构等进出口办公用品以及我国驻外使领馆和其他机构进出口公用物品的监管规章；

（6）研究拟订海关对进出口礼品，华侨、港澳同胞、台湾同胞、外籍华人等捐赠物资、在外售券和免税商品业务的监管规章；

（7）研究拟订有关非贸易性物品监管的违章罚则，审理有关违章申诉案件，处理有关人民来信来访；

（8）检查、指导各海关对上述规章的执行，以及旅检、邮检工作的改革和改进检查人员的态度作风；

（9）参与研究、拟订国际条约或协定中有关进出境旅客行李物品和个人邮递物品方面的条款，研究承办有关国际公约的事项。

机构设置：行李物品监管处、邮递物品监管处。

5. 关税司

职责任务：

（1）研究关税政策、参与修订海关税则，拟订税率调整方案；

（2）研究拟订有关关税优惠和其他特定减免税办法；

（3）研究拟订海关征税规章制度和实施方案；

（4）拟订关税减免管理制度和退税办法，办理临时减免税的审批或报批事宜；

（5）负责解释《关税条例》和《税则》，审理有关《关税条例》和《税则》实施中的申诉案件，处理有关人民来信来访；

（6）检查、指导各海关对上述规章制度的执行和征税工作的改革；

（7）参与研究拟订国际条约或协定中有关关税问题的条款，研究有关国际关税立法和关税制度，研究承办有关国际公约的事项。

机构设置：税则处、征税处。

6. 查私司

职责任务：

（1）研究拟订走私案件处理与审理、走私物品的管理与处理、查私办案费的使用和奖励查私的方针政策、规章和措施；

（2）研究国内外走私动态和规律，组织指导各海关开展反走私情报工作和国际反走私合作；

（3）指导海关沿海、沿边缉私队伍的工作；

（4）负责与有关部门的联系和协作，推动联合查私工作；

（5）审理走私申诉案件，处理有关人民来信来访；

（6）检查、指导各海关执行有关查私法规和纪律，以及查私工作的改革；

（7）负责查私专用船艇和车辆、通讯装备的选型、购置、维修、使用、指挥和武器、警棍、警犬等的配备、使用、管理。

机构设置：查私处、审理处。

7. 综合统计司

职责任务：

（1）研究拟订海关统计和业务统计制度及其实施办法；

（2）研究拟订海关统计商品目录，指导统计商品归类工作；

（3）检查指导全国海关的统计工作，复核统计资料；

（4）编制海关统计、业务统计报表，编辑出版《海关统计》刊物；

（5）开展统计分析研究，编写专题分析材料；

（6）管理海关统计和业务统计并负责对外提供、发表，开展统计咨询服务；

（7）负责向联合国提供我国进出口货物统计资料，并负责我国海关与国际间的海关统计制度、方法和统计资料的交流；

（8）协助推进统计工作计算、传输的现代化。

机构设置待定。

8. 科技装备司

职责任务：

（1）研究海关科技装备工作的方针、政策，拟订海关科技装备

发展规划和有关规章制度,汇总编制全国海关科技装备的年度发展计划,并组织实施;

(2)负责海关重点技术设备的研制、鉴定、选型、购置、分配、调拨和管理工作;

(3)组织为海关业务服务的技术开发应用,检查和指导各海关的科技装备工作;

(4)审查各关重大设备工程项目的总体技术方案,并监督实施;

(5)负责全国海关通信网络中心的工作;

(6)负责全国海关计算中心的筹建和管理工作;

(7)负责海关科技情报的调研、编译和交流工作,开展与国际海关的科技交流与合作;

(8)组织办理全国海关科技进步奖励工作。

机构设置:计划管理处、计算机技术处、检查技术处、通讯技术处(对外称全国海关通信网络中心)。

9. 人事教育司

职责任务:

(1)负责审核总署机关、海关系统各单位的内部机构设置和人员编制,办理原有海关机构的调整、升格,编制人事统计;

(2)拟订海关系统干部管理和奖惩办法,负责海关系统的署管干部和署内工作人员的管理工作,检查落实干部政策和其他有关政策,组织对第三梯队的选定、培养,办理有关人员政审、调配、任免、选派出国、考核、奖惩和离休、退休等事项;

(3)检查了解海关系统思想政治工作情况,组织交流推广思想政治工作经验;

（4）管理直属海关院校，审订学校培养目标、教学大纲、招生和分配计划；拟订全国海关在职干部培训规划，组织推动各地海关开展在职培训工作；

（5）组织指导海关专业职务和其他专业技术职务的评定工作，参与评定海关专业和其他专业的高级职务；

（6）拟定招干、招工计划，申请分配招干、招工和高等院校毕业生指标，指导、检查各地海关按照规定办理有关招收录用干部、工人，接收复员、转业军人等工作；

（7）办理工资、福利事项，掌握福利费的使用，参与规划海关福利设施；

（8）处理人事教育方面的来信、来访。

机构设置：机关人事处、干部处、老干部处、教育处、工资编制处。

10.　财务司

职责任务：

（1）拟订海关经费、税收会计制度和财务管理办法，检查、指导全国海关的财务、基建和装备工作；

（2）审核、汇编海关系统各单位的海关经费，查私办案费和教育事业费的预决算和季报，办理各项经费的领拨，主管会计单位的会计工作；

（3）汇编关税收入、外汇收入、车辆购置附加费报表，办理关税、外汇和车辆附加费的提成；

（4）编报非贸易外汇收支计划、季报、决算，办理拨汇和结汇；

（5）管理和监督各海关罚没收入和其他收入的缴库以及预算外资金的收支和规费的留成；

（6）编制总署基本建设长远规划和年度计划，编制海关系统基建投资计划和财务计划，审批下达基建任务，办理有关事项；

（7）制订全国海关各种汽车、摩托车、交通艇的配置计划标准及管理办法，并办理有关购置、建造和分配事宜；

（8）拟订全国海关工作人员制服供应办法，办理制服料、件的组织供应；

（9）拟定固定资产管理办法，管理海关系统各单位的房产、机动车船和大型技术设备等固定资产。

机构设置：财务处、基建处、装备处。

11. 审计室（直属处级机构）

职责任务：

（1）贯彻执行国家审计法规制度，制订总署的审计监督制度，监督检查海关系统贯彻执行国家和海关有关财经方针、政策、法规、制度的情况；

（2）对关税收入、代征税款、罚没收入（包括没收物品）、海关各项经费、基建投资、外汇收入和预算外收支等一切财政、财务活动及经济效益进行内部审计监督；

（3）对固定资产和重要物资材料的调出、报废和处理进行审计监督；

（4）对机构设置、人员配备和财产、装备、物资等购置、管理、使用以及财政、财务收支进行经济效益审计；

（5）维护财经法纪，对严重的贪污盗窃、行贿受贿、走私贩私、投机倒把、弄虚作假、虚报冒领、挤占挪用、损失浪费、侵吞国家资财、破坏国家经济、内外勾结、偷税漏税等损害国家利益的行为进行财经法纪专案审计；

（6）监督检查财会工作，帮助财会人员加强财会管理，支持财会人员履行职责和行使职权，协助有关机关保护财会人员不受打击报复；

（7）参与总署主要的财务规章制度的研究制订工作，向总署领导和审计署作审计工作报告和审计报告，完成总署和审计署交办的审计事项，指导和监督下级审计工作。

1987年，根据《关于总署查私司更改名称的通知》（〔1987〕署人字第98号），海关总署查私司改称海关总署调查司。

1988年8月，根据国务院关于监察部、审计署设置派出机构的批复，监察部驻海关总署监察局和审计署驻海关总署审计局设立。

1988年8月10日，国家机构编制委员会批准了海关总署的"三定"方案，定编为400人（含工勤人员，不含驻外人员）〔见《关于转发〈海关总署"三定"方案〉的通知》（〔1988〕署人字第1002号）〕。

海关总署内设机构调整为：办公室、政策法规司、监管一司、监管二司、关税司、调查司、综合统计司、人事教育司、科技装备司、财务司，以及直属外事处和机关党委（见图1-8）。

1988年，海关总署各内设司、室的职能调整为：

1. 办公室

负责综合报告、文件把关、沟通信息、组织会议、督促检查、文书档案，协助署领导进行内外联系和协调；管理机关行政事务和安全保卫工作。

2. 政策法规司

组织海关政策研究；拟订和组织实施海关法制建设规划和计

```
                          ┌─────────────┐
                       ┌──│    办公室     │
                       │  └─────────────┘
                       │  ┌─────────────┐
                       ├──│   政策法规司   │
                       │  └─────────────┘
                       │  ┌─────────────┐
                       ├──│    监管一司   │
                       │  └─────────────┘
                       │  ┌─────────────┐
                       ├──│    监管二司   │
                       │  └─────────────┘
                       │  ┌─────────────┐
                       ├──│    关税司     │
                       │  └─────────────┘
         ┌────────┐    │  ┌─────────────┐
         │ 海关总署 │────┼──│    调查司     │
         └────────┘    │  └─────────────┘
                       │  ┌─────────────┐
                       ├──│   综合统计司   │
                       │  └─────────────┘
                       │  ┌─────────────┐
                       ├──│   人事教育司   │
                       │  └─────────────┘
                       │  ┌─────────────┐
                       ├──│   科技装备司   │
                       │  └─────────────┘
                       │  ┌─────────────┐
                       ├──│    财务司     │
                       │  └─────────────┘
                       │  ┌─────────────┐
                       ├──│   直属外事处   │
                       │  └─────────────┘
                       │  ┌─────────────┐
                       └──│   机关党委    │
                          └─────────────┘
```

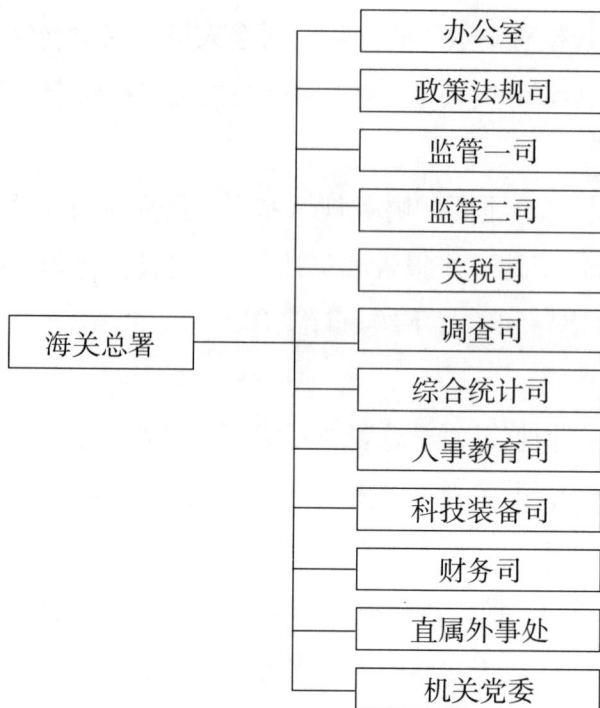

图 1-8　1988 年海关总署机构设置图

划,协同有关司、室、局检查海关法规执行情况;归口管理海关对外宣传工作。

3. 监管一司

研究拟订海关对进出境货物、运输工具及其服务人员携带物品和进出经济特区等特定地区货物、物品、运输工具的监管规章,以及海关对外商投资企业、加工贸易和其他灵活贸易方式进出口货物和保税货物后续管理的规章、制度,检查指示各地海关对上述规章制度的执行情况;研究承办有关国际公约(条约)事项等。

4. 监管二司

研究拟订海关对进出境旅客行李物品、个人邮递物品、外国驻华机构公、私用物品和进出口印刷品、捐赠品等的监管规章,检查指示各海关对上述规章的执行情况；研究拟订旅客行李物品和个人邮递物品征税办法和完税价格，审批特准减免税事项；研究承办有关国际公约（条约）事项等。

5. 关税司

研究关税政策，参与制订进出口税则、拟订税率调整方案；研究拟订关税优惠政策、特定减免税办法和海关征税、减免税规章制度，检查指导各海关对上述规章制度的执行情况；研究指导税则归类和估价工作；审批涉及关税政策的减免税事项，审理有关纳税争议的复议申请；组织指导全国海关检查偷漏关税的工作，研究国际关税立法和关税制度；研究承办有关国际公约事项。

国务院关税税则委员会的办事机构（税委会办公室）设在关税司。

6. 调查司

研究拟订海关缉私的方针、政策和规章制度，抓大、要案和组织联合行动；组织指导各海关开展反走私情报工作和国际反走私合作；审理不服海关处罚决定的复议申请。

7. 综合统计司

研究拟订海关统计和业务统计制度、海关统计商品目录，指导统计商品归类；负责海关统计和业务统计，编辑出版《海关统计》刊物；开展统计分析和咨询服务；负责进出口统计资料的国际交流。

8. 人事教育司

负责机构设置和人员编制；拟订海关系统干部管理和奖惩办法，办理工资福利、专业职务评定，署管干部和署内工作人员的调配、考核、任免等事项；检查了解海关系统思想政治工作情况，组织交流海关精神文明建设的经验；管理全国海关院校和干部在职培训工作。

9. 科技装备司

研究海关科技工作的方针、政策，拟订和组织实施海关科技发展规划；组织研制、鉴定、选型和开发应用海关技术设施；组织办理海关科技进步奖励工作，开展国际海关科技合作交流；制订全国海关装备、业务单据和制服等的购置计划和管理、供应办法，办理购置、建造、分配和组织供应等事项。

10. 财务司

拟订海关经费、税收会计制度和财务、基建管理办法；审核、汇编各海关单位的预、决算，办理各项经费的领拨；编制海关基本建设长远规划和年度计划，审批下达基建任务；管理各海关单位的房产等。

11. 直属外事处

负责对外国海关和国际海关组织的综合研究，参与国际海关多（双）边合作的有关事宜，负责外事联络工作的归口管理，制订实施海关外事工作规章制度、外事活动计划和经费预算，办理外事接待和管理总署驻外机构的有关事务。

监察、审计和老干部管理的机构设置，按统一规定执行。

1989年2月，海关总署又印发了《关于总署各司（室）、直属处职责任务及机构设置的通知》（〔1989〕署办字第170号），再次明确海关总署各司、室的职责任务及机构设置为：

1. 办公室

职责任务：

（1）协助署领导处理日常工作，协调署内各部门的工作，建立署内外联系，负责办理署领导批办的文电和交办的事项。

（2）审阅署内各部门和各直属海关的工作报告，综合情况。

（3）草拟总署工作计划、总结和综合性的请示报告、会议文件，负责重要署发文件的核稿，核编《海关简报》、《海关工作简报》，编写《海关内参》、《海关总署大事记》。

（4）组织署内会议和综合性的全国海关会议，检查督促会议决议的贯彻执行。

（5）负责海关信息的收集、传送、分析和管理，编发《值班信息》、《海关信息》和《海关快讯》。

（6）主管全国人大代表建议、全国政协委员提案和人民来信来访的处理工作。

（7）管理文电、资料的收发、运转、催办、文印、归档和保密工作，掌管总署印章。

（8）管理总署固定资产，负责公用物品的采购和供应、机关的接待工作和职工福利、医疗保健等。

（9）管理总署机关经费，拟订有关财务制度规定，审核各部门年度预算，编制年终决算。

（10）负责机关安全保卫工作。

机构设置：

署长办公室、秘书处（值班室）、机要处、行政处、机关财务处、保卫处。

2. 政策法规司

职责任务：

（1）组织研究海关工作中的综合性政策理论问题，组织交流海关政策理论研究的情况和经验,编发《海关政策法规参考资料》,推动海关系统政研工作的开展。

（2）拟订和组织实施海关法制建设规划；组织起草综合性海关法规,完善以《海关法》为主体的海关法规体系；协同有关司、室、局监督检查海关法规执行情况,研究存在问题,提出改进建议。

（3）对总署发出的法规性文件进行政策、法律把关；提供法律咨询服务；组织清理海关法规,编辑海关法规汇编。

（4）组织开展综合性海关政策、法规的国际研讨交流活动。

（5）搜集、整理与海关工作有关的政策、法规和各种资料。

（6）管理海关新闻发布工作。

（7）归口管理海关对外宣传工作,拟订和组织实施海关对外宣传工作计划,组织新闻报道,开展音像宣传。

机构设置：

政策研究处、法规处、宣传处。

3. 监管一司

职责任务：

（1）拟订海关对进出口（包括边境贸易、地方贸易、小额互市贸易、暂时进出口货物、转关运输货物等）以及过境、通运、转运货物的监管规章。

（2）拟订海关进出境展览品、货样、广告品、军事物资、特货以及许可证管理商品、机电产品、其他受管制货物的进出口监管规章。

（3）拟订海关对进料加工、来料加工、补偿贸易、保税工厂、保税仓库、寄售维修、承包工程、租赁等保税业务的监管规章和后续管理制度。

（4）拟订中外合资、合作、独资等外商投资企业和开采海上石油进出口货物的海关监管规章。

（5）拟订海关对进出经济特区、沿海开放城市、经济技术开发区和经济开放区等各类开放地区货物、物品、运输工具的监管规章。

（6）拟订对台贸易、国别（地区）贸易政策方面的海关管理规章。

（7）审批属于经济特区等开放地区、外商投资企业、进料加工、军事装备等进出口货物的减免税事项。

（8）拟订进出境运输工具及其服务人员自用物品的海关管理规章。

（9）拟订进出境集装箱货物的海关管理规章。

（10）审批经济特区外币免税商品和外轮供应公司船员免税商品及其免税额度。

（11）指导、督促、检查各地海关对上述规章的执行。

（12）参与研究制订及承办与上述业务有关的国际公约（条约、协定）、国际组织的有关事项。

机构设置：

货运监管处、保税业务监管处、特区处、综合处。

4. 监管二司

职责任务：

（1）拟订海关对进出境旅客、边境居民行李物品和进出境个人邮递物品、国际特快专递邮件的监管规章。

（2）拟订海关对外国和国际组织驻华机构、外商投资企业进出境公私用物品的监管规章。

（3）拟订"境外售券、境内提货"和免税外汇商品（不包括外轮供应公司船员免税商品）业务的海关监管规章。

（4）拟订海关对进出境礼品、捐赠物资、国际援助物资、个体工商业者进口小型生产工具的监管规章。

（5）拟订海关对进出境印刷品、影片、音像制品的监管规章。

（6）拟订海关禁止、限制或受有关法规管制的物品以及旅客购买出境的旅游商品的监管规章。

（7）拟订海关对旅客行李物品和个人邮递物品征税税率、完税价格和征税办法。

（8）指导、督促、检查各地海关对上述规章的执行。

（9）审批行李物品和邮递物品及其他非贸易性物品的特准减免税事项。

（10）参与研究及承办与上述业务有关的国际公约（条约、协定）、国际组织的有关事项。

机构设置：

行李物品监管处、邮递物品监管处、综合处。

5. 关税司

职责任务：

（1）研究关税政策，参与拟订《进出口关税条例》和《海关进出口税则》，拟订税率调整方案。

（2）研究拟订关税优惠政策、特定减免税办法和海关征、减免税规章制度，检查指导各海关对上述规章制度的执行情况。

（3）指导各地海关的税则归类和完税价格审定工作，督促各地海关完成税收计划。

（4）审批关税政策的临时减免事项。

（5）审理有关纳税争议的复议申请。

（6）组织、指导全国海关检查偷漏关税的工作。

（7）研究外国关税立法和关税制度，参与拟订国际条约、公约或协定中有关关税问题的条款，参与国际关税谈判。

机构设置：征税处、减免税处、税则处、国际关税处。

6.　调查司

职责任务：

（1）研究拟订海关缉私的方针、政策和规章制度。

（2）指导各地海关的查私工作，组织查缉走私大要案的联合行动。

（3）负责与有关部门的联系与协作，推动联合查私工作。

（4）组织指导各地海关开展反走私情报工作。

（5）组织、承办海关反走私和禁毒的国际合作。

（6）检查、指导各地海关对上述法规、制度的执行。

（7）负责全国海关缉私用武器、警棍、警犬的购置、配备和管理，督促检查缉私舰艇的使用和保养，对缉私专用车船和通讯装备的设计、购置和改进提出意见。

（8）审理不服海关处罚决定的复议申请。

（9）承办总署案件审理委员会办公室的日常工作。

机构设置：

调查综合处、情报处、审理处（总署案件审理委员会办公室）。

7.　综合统计司

职责任务：

（1）拟订海关进出口统计和业务统计的规章制度，负责海关进出口统计和海关业务统计资料的审核、汇总、加工、分析、反馈和管理。

（2）拟订海关统计商品目录并指导商品目录的归类工作。

（3）指导、检查各地海关对上述规章制度的执行。

（4）编辑出版《海关统计》，发行各类海关统计报表。

（5）拟订海关对外公布统计数据的管理规章，负责海关统计的对外咨询服务和国际交流。

机构设置：

一处（数据审核）、二处（制度咨询）、三处（综合分析）。

8. 科技装备司

职责任务：

（1）拟订海关科技、装备工作的规章制度，编制并组织实施海关科技、装备发展规划。

（2）组织研制、鉴定、选型和开发应用海关技术设施，办理购置、建造、分配和组织供应。

（3）审查各地海关重大技术工程项目的总体技术方案并监督实施。

（4）协调海关技术协作区工作。

（5）组织办理全国海关科技成果的鉴定和奖励工作。

（6）制订全国海关装备、业务单证和制服等的购置计划和管理、供应办法。

（7）检查、督促各地海关对上述规章、制度和计划的执行，检查指导各地海关的科技及装备工作。

（8）负责总署机关科技设备的购置与维修工作。

（9）开展国际海关科技合作与交流。

机构设置：

计划管理处、计算机技术处、检查技术处、装备处、通信技术处。

9. 财务司

职责任务：

（1）拟订海关财会及固定资产管理工作的规章、制度；指导、监督各海关及海关院校贯彻执行国家财经制度和海关总署制发的财务规章。

（2）管理全国海关（院校）的海关经费、查私办案费、教育事业费、预算外资金、留成外汇及固定资产。

（3）管理全国海关（院校）基建工作，拟订有关管理办法并且指导监督各地海关（院校）贯彻执行；审批工程项目，安排投资拨款及建材指标。

（4）编制并组织实施全国海关财会、基建、固定资产工作的长远规划及年度计划，审核汇编各地海关（院校）预决算及报表。

（5）办理各项经费（包括非贸易外汇）的领拨，管理各项经费的收支及关税代征税、费的缴库月报表汇总和罚没收入（中央部分）的缴库工作。

机构设置：

财务处、基建处、综合处。

10. 人事教育司

职责任务：

（1）管理总署机关、海关单位的机构设置和人员编制。

（2）拟订海关系统人事干部管理办法，检查指导各海关单位执行。

（3）负责海关系统署管干部和署内工作人员的政审、调配、奖惩、任免、选派出国、考核和离退休等管理工作，组织对后备干部的选定和培养。

（4）检查了解海关系统思想政治工作情况，组织交流思想政治工作经验。

（5）管理直属海关院校，审订学校培养目标、教学大纲、招生和分配计划；拟订全国海关在职干部培训规划，组织推动各地海关开展在职培训工作。

（6）组织指导海关专业职务和其他有关专业技术职务的评定工作，参与评定海关专业和其他专业的高级职务。

（7）管理海关系统吸收录用和接收大中专毕业生、军转干部工作。

（8）管理海关系统工资工作，办理在职职工福利事项。

（9）会同有关司室举办各类专业培训班。

机构设置：

机关人事处、干部处、工资职称处、机构编制处、教育处、老干部处、政治工作办公室。

11．外事处

职责任务：

（1）拟订外事工作规章制度、外事活动计划和经费预算。

（2）负责对外国海关和国际海关组织的综合研究，收集、研究有关资料，参与国际海关多（双）边合作的有关事宜。

（3）管理海关驻外机构的业务。

（4）负责其他外事联络工作的归口管理，审核外事方面的业务函电，管理礼品。

（5）负责办理署领导出访的对外联系事项及由署领导邀请来访的外国团组的接待工作，会同有关司室做好有关准备工作。

（6）办理出国人员的护照、签证，会同人教司测试出国培训人员的外语能力。

（7）办理其他外事事务。

1989年，经人事部批准，海关总署还设有4个司级（包括副司级）事业单位。其中中国海关杂志社为海关总署直属事业机构，出版海关专业性刊物《中国海关》（月刊），对国内外发行；另3个事业机构是：海关总署教育培训中心、海关总署计算中心、海关总署通讯中心。此外，海关总署还设立了广东分署，作为海关总署的派驻机构，协助总署管理广东省内的海关。

1991年，海关总署政治部成立［见《关于启用"中华人民共和国海关总署政治部"印章的通知》（署人〔1991〕400号）］。

1993年，经总署党组批准，海关总署外事处更名为海关总署外事办公室［见《关于海关总署外事机构更名和干部任职的通知》（署政〔1993〕819号）］。

1994年1月，国务院下发《国务院办公厅关于印发海关总署职能配置、内设机构和人员编制方案的通知》（国办发〔1994〕12号），明确海关总署机关行政编制为347人。总署机关的内设机构调整为10个职能司（室）和机关党委，办公室内设海关总署法律室。

调整后的海关总署内设机构为：办公室（总署法律室）、关税司、监管司、稽查司、调查局、综合统计司、科技装备司、财务司、人事教育司、外事司和机关党委（见图1-9）。

1994年，根据《海关总署关于印发署内各司（室、局）职责及

```
                        ┌─────────────────┐
                        │     办公室       │
                        │ （总署法律室）   │
                        └─────────────────┘
                        ┌─────────────────┐
                        │     关税司       │
                        └─────────────────┘
                        ┌─────────────────┐
                        │     监管司       │
                        └─────────────────┘
                        ┌─────────────────┐
                        │     稽查司       │
                        └─────────────────┘
    ┌─────────┐         ┌─────────────────┐
    │ 海关总署 │─────────│     调查局       │
    └─────────┘         └─────────────────┘
                        ┌─────────────────┐
                        │   综合统计司     │
                        └─────────────────┘
                        ┌─────────────────┐
                        │   科技装备司     │
                        └─────────────────┘
                        ┌─────────────────┐
                        │     财务司       │
                        └─────────────────┘
                        ┌─────────────────┐
                        │   人事教育司     │
                        └─────────────────┘
                        ┌─────────────────┐
                        │     外事司       │
                        └─────────────────┘
                        ┌─────────────────┐
                        │    机关党委      │
                        └─────────────────┘
```

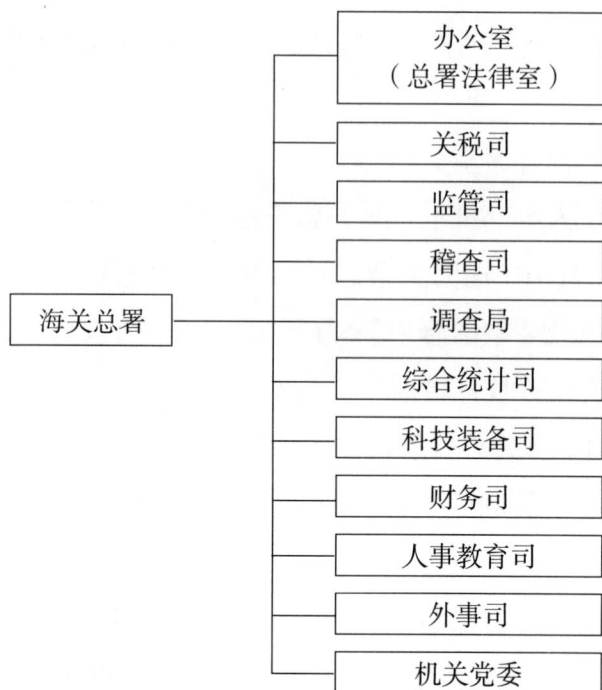

图 1-9　1994 年海关总署机构设置图

机构设置决定的通知》（署办〔1994〕374 号），总署机关各司（室、局）的职责及机构设置为：

1. 办公室

基本职责：

（1）协助署领导处理日常工作，协调署内各部门工作，建立总署内外联系；办理署领导批办的文电和交办的事项；

（2）审阅署内各部门和直属各海关单位的工作报告；负责综合情况，草拟总署年度工作计划、总结和综合性的请示报告、会议文件；负责署发文的核稿工作；

（3）组织开展海关政策理论研究和工作对策研究，拟订海关改革与发展规划，为署领导决策服务；

（4）归口管理海关立法工作，负责拟订立法规划并组织实施；组织起草海关法律、法规和综合性的海关规章；统一负责海关法规的解释和管理工作；

（5）归口管理全国海关复议应诉工作；研究制订海关执法监督检查办法，组织开展全国海关执法监督检查；

（6）负责海关信息的收集、整理、分析、传递、呈报和海关系统的信息管理；

（7）编发《海关法规汇编》、《海关内参》、《海关政策法规研究参考》、《海关总署大事记》和各类信息、简报；

（8）归口管理全国海关的对外宣传，负责总署新闻发布工作；

（9）组织署内会议和综合性全国海关会议，检查、督促会议决议的贯彻执行；

（10）主管全国人大代表建议、全国政协提案和人民来信来访的处理工作；

（11）管理文电、资料的收发、运转、催办、文印、归档和保密工作，掌管总署印章；

（12）管理总署办公自动化工程，组织、推动海关系统的办公自动化工作；

（13）规划、管理机关后勤服务工作，负责公用物品的供应、机关接待和职工福利；

（14）管理总署机关的固定资产和基本建设；

（15）负责总署机关的财务管理；

（16）负责机关安全保卫工作。

机构设置：

总署法律室（下设法规处、监督检查处）、署长办公室、秘书处（政策研究室）、新闻办公室、信息处、机要处、行政处、机关财务处、房产设备管理处、保卫处、基建办。

2. 关税司

基本职责：

（1）研究关税政策，提出调整关税政策和关税税率的建议，参与拟订和修订《进出口税则》；

（2）拟订和修订关税征收管理的规章制度及全国海关关税、代征税税收计划并组织实施；

（3）拟订和修订并负责解释各项政策性减免税规定，统一管理各项政策性减免税（监管司基本职责第五项规定的除外）；

（4）归口管理关税的税则归类；

（5）拟订和修订海关估价规定，管理进出口商品审价；

（6）审理有关纳税争议的复议申请；

（7）监督、检查各海关对关税政策和规定以及政策性减免的贯彻执行；

（8）参与国际关税谈判。

机构设置：

征税一处、征税二处、审价办公室、税则处、国际关税处。

3. 监管司

基本职责：

（1）拟订和修订海关对各类进出境货物的监管规定以及对报关员的管理规定；

（2）拟订和修订海关对进出境旅客行李物品和邮递物品，以及其他进出境非贸易性物品的监管规定，提出拟订、调整行邮物品税则的建议，并负责征收管理；

（3）拟订和修订海关对进出境运输工具（包括集装箱），以及运输工具及其服务人员公私用物品的监管规定；

（4）拟订和修订海关对经济特区等各类经济开放地区货物、物品、运输工具进出境及来往内地的监管规定，并组织实施；

（5）管理军用物资、中外合作开采海上石油所需进口物资，以及特区半税市场物资的减免税；

（6）拟订和修订海关对各类外币免税品商店及其进口货物、物品的监管规定；

（7）拟订和修订海关对进出境印刷品、影片、音像制品及其他信息媒体的监管规定；

（8）监督、指导各海关对上述规定的贯彻执行。

机构设置：

货运监管处、货运通关处、保税业务处、特区监管处、行李物品监管处、邮递物品监管处、综合处。

4. 稽查司

基本职责：

（1）拟订和修订海关对经营进出口贸易、加工贸易及其他保税业务的企业、三资企业、代理报关企业以及政策性减免税物资的使用单位等实施稽查的规章制度；

（2）拟订和修订海关对被稽查单位的资信评估和进出口分类管理办法；

（3）拟订和修订海关对上述企业的注册登记管理办法，负责专业报关企业资格的审定；

（4）研究建立以进出口经营企业和有关企业、单位为对象的企业档案资料管理规范和信息查控系统；

（5）监督、指导各海关对上述规章制度的贯彻执行，协调关区间稽查工作的分工协作事宜；组织和参与重大的稽查活动；

（6）研究海关稽查技术；协助人教部门开展稽查人才的培训。

机构设置：

综合处、企业管理处、稽查处。

5. 调查局

基本职责：

（1）拟订和修订海关缉私工作方针、政策和规章制度，并组织实施；

（2）监督、指导全国海关对走私、违规案件的查处工作，组织参与走私大要案的查缉和跨关区案件的调查；

（3）监督、指导全国海关的情报工作，开展对走私、违规动态的分析；

（4）组织承办海关反走私和缉毒的国际合作；

（5）负责与有关部门的联系与协作、推动联合查私；

（6）审理各海关上报总署的大要案；

（7）监督、指导全国海关私货管理及私货处理工作；

（8）负责全国海关缉私用武器、警械、缉毒犬的配备和管理，督促检查缉私舰艇的使用和保养；

（9）指导缉毒犬驯养基地、毒品化验室等专项基础设施建设；推动海上缉私培训基地、缉毒培训中心的建设。

机构设置：

调查处、大要案查办处、情报处、审理处、综合处。

6. 综合统计司

基本职责：

（1）拟订和修订海关统计和业务统计制度，海关统计商品目录；

（2）负责海关统计和业务统计资料的审核汇总、加工整理，统一管理和发布统计资料；

（3）监督、指导各地海关统计工作；

（4）开展统计分析和统计咨询服务，出版发行统计刊物；

（5）研究贸易统计的国际标准，负责海关统计业务的国际交流与合作。

机构设置：

数据审核处、制度方法处、统计分析处、综合处。

7. 科技装备司

基本职责：

（1）拟订和修订海关科技发展规划，并组织实施；

（2）参与研究海关业务科技一体化计划；

（3）负责全国海关重点技术设备的研制、鉴定、选型和开发应用；

（4）审查各关重大技术项目总体方案，并监督实施；

（5）组织办理海关科技进步奖励和科技应用效益奖励工作；

（6）负责报关自动化的标准化规范及参数库的维护和海关进出口综合数据库的维护管理；

（7）负责全国海关重要技术设备、车船装备的购置、建造、规划、分配和管理工作；

（8）拟订和修订全国海关装备、业务单据和制服等的购置计划和管理、供应办法。

机构设置：

计划管理处、计算机技术处、通讯处、检查技术处、装备处、业务规范数据处。

8. 财务司

基本职责：

（1）拟订和修订海关经费、税收会计制度和财务、基建、固定资产管理办法，并组织实施；

（2）审核、编制全国海关的预、决算，办理各项经费的领拨和会计核算；

（3）编制海关基本建设长远规划和年度计划，审批下达基建任务；

（4）负责全国海关各项税费、罚没收入以及外汇的管理工作；

（5）管理全国海关的固定资产和社会集团购买；

（6）负责全国海关住房制度改革工作，审定各关房改方案，管理房改资金。

机构设置：

财务处、会计处、基建处、综合处。

9. 人事教育司

基本职责：

（1）拟订全国海关公务员和其他工作人员的职位分类、考录、考核、奖惩、任免、回避、工资福利、辞职辞退、退休退职等管理办法，并检查指导各海关单位执行；

（2）承办海关总署管理的领导人员和署内工作人员的考核、任免、交流等管理工作；

（3）归口管理海关机构设置和人员编制；

（4）研究拟订海关专业技术人员管理办法，负责专业技术资格评定、考试，拟订建立海关专家队伍的办法，并组织实施；

（5）执行国家劳动力政策，拟订并实施海关系统劳动制度、保险制度；

（6）负责海关系统和机关出国人员的政审；

（7）检查指导海关系统思想政治工作，组织交流海关精神文明建设经验；

（8）管理直属海关院校，拟定海关教育发展规划；

（9）拟订海关公务员培训规划，归口管理各类专业培训，负责指导各教育培训基地的培训工作。

机构设置：

政治工作办公室、机关人事处、干部处、机构编制处、工资职称处、离退干部处、教育办公室。

10. 外事司

基本职责：

（1）负责对外国海关和国际海关组织、公约的综合研究，归口管理国际海关双边、多边及港澳台交流与合作有关事宜；

（2）统一负责对外联络工作；

（3）拟订和修订海关外事工作规章制度；

（4）归口管理海关系统外事工作，编拟海关外事活动计划和经费预算；

（5）办理外事接待和管理总署驻外机构有关事宜。

机构设置：

国际组织处、国际合作处、综合处。

1996年3月，根据国务院第75次总理办公会议决定，海关总署建立全国海关信息管理系统。总署于 1995 年底批准成立全国海关信息管理中心筹备办公室，并以署办〔1996〕176 号文件明确全国海关信息管理中心筹备办公室职责和机构设置方案。

1997 年，经中央机构编制委员会批准，成立海关总署业务规范司。其主要职能是：研究制订海关业务规范总体规划，组织海关系统业务规范化、标准化、信息化管理工作，开展综合业务分析，指导全国海关信息化综合风险标准的实施〔见《海关总署关于成立业务规范司的通知》（署人〔1997〕328 号）〕。

（五）直属国务院领导，中华人民共和国海关总署阶段（1998.3 至今）

1998 年 3 月，根据《国务院关于机构设置的通知》（国发〔1998〕5 号），海关总署成为国务院直属正部级机构。11 月，《国务院办公厅关于组建缉私警察队伍实施方案的复函》（国办函〔1998〕52 号）下发，该文件原则同意海关总署的组建缉私警察队伍实施方案；走私犯罪侦查局既是海关总署的一个内设局，又是公安部的一个序列局；走私犯罪侦查局为正局级建制，编制 40 名。

1999 年，根据《海关总署关于印发调整后的署内各司局办和各直属事业单位职责分工、内设机构等规定的通知》（署办〔1999〕482 号），海关总署内设机构为：办公厅、政策法规司、关税征管司、通关管理司、监管司、综合统计司、调查局、走私犯罪侦查局、国际合作司、人事教育司、财务科技司、督察特派员办公室和直属机关党委（见图 1-10）。

```
                          ┌─────────────────────┐
                      ┌───│        办公厅        │
                      │   └─────────────────────┘
                      │   ┌─────────────────────┐
                      ├───│      政策法规司      │
                      │   └─────────────────────┘
                      │   ┌─────────────────────┐
                      ├───│      关税征管司      │
                      │   └─────────────────────┘
                      │   ┌─────────────────────┐
                      ├───│      通关管理司      │
                      │   └─────────────────────┘
                      │   ┌─────────────────────┐
                      ├───│        监管司        │
                      │   └─────────────────────┘
    ┌──────────┐      │   ┌─────────────────────┐
    │ 海关总署 │──────├───│      综合统计司      │
    └──────────┘      │   └─────────────────────┘
                      │   ┌─────────────────────┐
                      ├───│        调查局        │
                      │   └─────────────────────┘
                      │   ┌─────────────────────┐
                      ├───│     走私犯罪侦查局    │
                      │   └─────────────────────┘
                      │   ┌─────────────────────┐
                      ├───│      国际合作司      │
                      │   └─────────────────────┘
                      │   ┌─────────────────────┐
                      ├───│      人事教育司      │
                      │   └─────────────────────┘
                      │   ┌─────────────────────┐
                      ├───│      财务科技司      │
                      │   └─────────────────────┘
                      │   ┌─────────────────────┐
                      ├───│   督察特派员办公室    │
                      │   └─────────────────────┘
                      │   ┌─────────────────────┐
                      └───│     直属机关党委      │
                          └─────────────────────┘
```

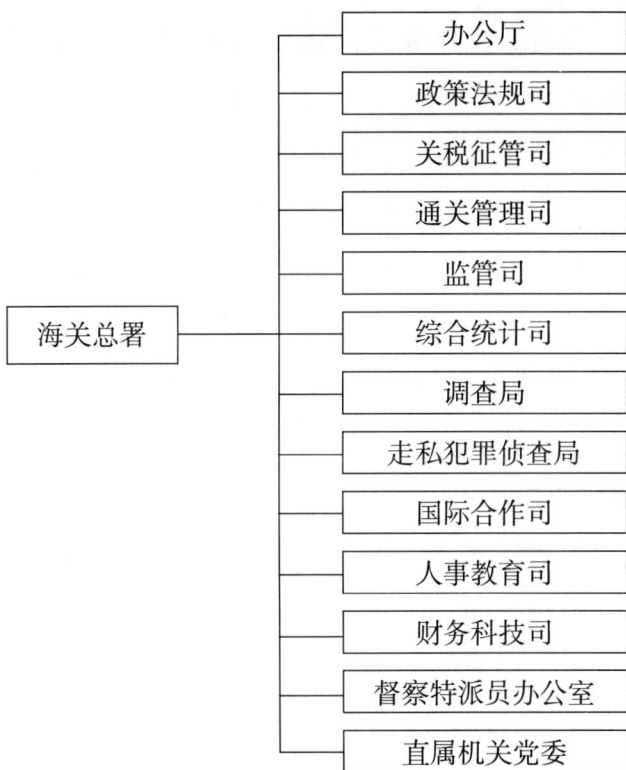

图 1-10　1999 年海关总署机构设置图

海关总署直属事业单位确定为：机关服务中心（海关总署机关服务局）、全国海关教育培训中心、全国海关信息中心、海关总署物资装备供应中心和中国海关杂志社。

1999 年，海关总署机关各司、室的职责任务及机构设置为：

1.　办公厅（口岸规划办公室）

主要职责：

（1）协助署领导研究海关工作的方针政策、发展规划和综合性改革方案，组织推动海关系统政策研究工作，编发《海关内参》《政研参考》。

（2）协助署领导综合情况，草拟海关总署年度工作计划、总结和综合性请示、报告、领导讲话、会议文件等重要文稿。

（3）协助署领导安排总署机关工作、处理机关日常事务、建立署内外联系，办理署领导交办事项。

（4）审核以海关总署名义制发的各类文电。

（5）组织召开署内会议和全国海关综合性会议。组织管理海关系统督促检查工作，办理总署机关督促检查事项。组织全国海关政务信息工作，编发各类署发信息、简报等。管理全国海关值班工作，承担总署机关值班工作。

（6）组织管理海关新闻宣传工作，负责海关总署新闻发布。

（7）研究提出对外开放口岸的整体规划及口岸规范的具体措施并组织实施，组织协调口岸通关中各有关部门的工作关系，负责对外开放口岸的审理工作。

（8）组织办理答复全国人大代表建议、全国政协委员提案，办理总署机关信访工作。

（9）组织推动全国海关办公自动化，管理总署机关办公自动化。

（10）管理全国海关档案、保密工作，办理总署机关文电资料的收发、运转、印制、归档、大事记等工作，掌管总署印信。

（11）管理制发总署机关和海关系统行政印章。

（12）联系指导中国海关出版社，对"新闻办公室"实施业务管理。

内设机构：

署长办公室、秘书处、秘书二处、研究室、口岸处、机要处、新闻办公室、文印收发室（设在中国海关杂志社）。

2. 政策法规司

主要职责：

（1）研究拟定海关立法规划并组织实施。

（2）参与起草有关法律，负责起草或组织起草海关法规和综合性规章，审核署内各部门起草的专业性规章和其他规范性文件，按规定发布海关法规、规章，负责海关法规、规章的执法解释工作。

（3）按规定承办国家出入境检验检疫局规章、指示、命令的审议、发布工作。

（4）负责建立和维护管理海关业务规范性文件数据库。

（5）管理海关行政复议、行政应诉、行政赔偿工作，审理海关总署管辖的行政复议案件，办理海关总署行政应诉事宜，承办总署案件审理委员会相关日常工作。

（6）研究提出各类实行进出口管制货物的海关规章制度并组织实施。

（7）受理知识产权海关保护备案申请，组织实施知识产权海关保护。

（8）研究拟定海关进出口商品分类目录并组织实施，编制《海关统计商品目录》；管理海关商品归类工作，确定特殊商品和疑难商品的税则归类。

（9）组织拟定进出口商品分类代码国家标准并负责维护和应用管理。

（10）管理、维护进出口商品归类数据库，对海关进出口商品归类办公室和海关化验室实施业务管理。

（11）制订、管理、维护海关业务信息系统参数数据库。

内设机构：

法规处、复议应诉处（知识产权处）、贸易管制处、商品归类处。

3. 关税征管司

主要职责：

（1）研究提出关税、进口环节税等税费征收、减免、退补管理规章制度并组织实施。

（2）组织实施国家减免进出口关税和进口环节税的各项政策，统一办理由海关总署审批的各类减免税手续。

（3）研究提出海关对加工贸易监管规章制度并组织实施。

（4）研究提出海关对保税仓库、保税工厂及出口监管仓库审批及保税监管规章制度并组织实施。

（5）研究提出海关对边境贸易、边民互市、对台小额贸易等特定贸易方式进出口货物的税收征管规章制度并组织实施。

（6）研究提出海关对各类特殊商品的税收征管规章制度并组织实施。

（7）研究提出海关对经济特区、浦东新区、苏州工业园区、保税区、经济技术开发区等特定地区进出口货物的税收征管规章制度并组织实施。

（8）研究提出进出口货物海关估价的规章制度并组织实施，对全国进出口商品价格中心和境外价格调查工作实施业务管理。

（9）组织参与反倾销调查，组织实施征收反倾销、反补贴关税。

（10）参与研究进出口税收政策及税则税率的调整。

（11）对"加工贸易单耗办公室"和"全国海关信息中心价格

监控组"实施业务管理。

内设机构：

办公室、征管处、特定减免税处、价格处、加工贸易处、保税处。

4. 通关管理司

主要职责：

（1）研究提出进出口货物报关及通关管理的规章制度并组织实施，受理通关作业过程中各类具体业务问题的请示并联系主管业务部门办理答复。

（2）研究提出报关单格式、填报、理单、出证和通关单证管理的规章制度并组织实施；管理、分析通关数据，监督控制通关作业运行。

（3）归口管理通关数据的对外联网交换。

（4）研究提出海关信息化管理发展规划、规章制度并组织实施。

（5）研究提出海关风险管理规章制度并组织实施，开发、维护综合风险数据库。

（6）组织开发全国海关通关作业计算机程序并负责管理和维护，组织开发海关业务各类数据库。

（7）管理全国海关计算机、网络、通信、防伪、安全等技术开发，负责拟定并执行有关预算和分配。

（8）联系指导全国海关信息中心。

内设机构：

通关管理处、风险管理及数据监控处、技术管理处、计划设备处。

5. 监管司

主要职责：

（1）研究提出进出境运输工具、进出境集装箱海关监管规章制度并组织实施。

（2）研究提出转关运输及过境、转运、通运货物以及暂时进出境货物、物品的海关监管规章制度并组织实施。

（3）研究提出海关对进出境货物及其相关运输工具、集装箱、船边、存放待通关货物的堆场、码头、仓库等场所进行监控的办法、措施并组织实施。

（4）研究提出海关对进出境货物、运输工具、集装箱进行查验的规范并组织实施。

（5）根据署内各业务主管部门意见，研究提出有关企业、人员从事海关管理的业务的资格审批规章制度并组织实施，统一受理有关企业从业申请并提交"海关总署企业从业资格审理委员会"审批，研究提出上述企业注册、登记、备案、发证、日常年审等规章制度并组织实施。

（6）研究提出企业分类管理规章制度并组织实施，管理、维护"企业分类管理数据库"。

（7）研究提出海关对进出境行李、邮递物品税收征管、减免及验放规章制度并组织实施。

（8）研究提出海关对外轮供应公司、各类免税商店免税物品的监管、核销规章制度并组织实施。

（9）研究提出海关对外国驻华使领馆、国际组织驻华机构及其长驻人员的进出境公私用物品、驻华商务机构及外商投资企业外籍职员的私用物品的验放办法并组织实施。

内设机构：

货运监管处、企业管理处、行李邮递物品监管处。

6. 综合统计司

主要职责：

（1）研究提出进出口贸易海关统计制度和海关业务统计制度并组织实施。

（2）编制国家进出口贸易统计，管理、发布进出口贸易统计数据，归口管理对外贸易统计咨询工作，编辑海关统计刊物。

（3）管理进出口经营单位编码及其计算机数据库。

（4）编制海关业务统计，开展海关业务统计分析。

（5）研究提出国家进出口商品原产地规则并组织实施。

（6）进行进出口贸易统计分析和统计监督，开展进出口贸易统计的国际交流与合作。

（7）管理全国海关报关单及随附单证的档案工作。

内设机构：

贸易统计处、统计分析处、原产地及统计管理处。

7. 调查局（全国打击走私综合治理办公室）

主要职责：

（1）研究拟定反走私斗争方针、政策和综合治理措施，协助署领导组织推动全国打击走私工作。

（2）研究提出海关查处走私、违规案件规章制度并组织实施。

（3）管理海关反走私情报工作。

（4）研究提出海关稽查规章制度并组织实施。

（5）组织大要案件、跨关区案件调查，组织联合缉私和专项缉私行动。

（6）审理走私、违规大要案件，管理没收货物、物品处理工作。

（7）研究拟定海关接收公安、工商等执法部门移交的走私、违规案件及其货物、物品，支付办案费的规章制度并组织实施。

（8）研究拟定海关缉私船艇、航空器、车辆、武器、弹药、警械及缉毒犬配备计划和管理制度并组织实施。

（9）协助署领导指导各省、自治区、直辖市打击走私综合治理办公室工作。

（10）负责与有关部门、企业合作谅解备忘录的签订及执行。

（11）开展反走私国际合作。

内设机构：

办公室、稽查处、调查处、情报处、审理处、综合治理处。

8. 走私犯罪侦查局

主要职责：

（1）在中华人民共和国海关关境内，依法查缉涉税走私犯罪案件，对走私犯罪案件和走私犯罪嫌疑人依法进行侦查、拘留、执行逮捕和预审工作。

（2）对海关调查部门查获移交的走私犯罪案件和走私犯罪嫌疑人，依法进行侦查、拘留、执行逮捕和预审工作。

（3）接受地方公安机关（包括公安边防部门）和工商等行政执法部门查获移交的走私犯罪案件和走私犯罪嫌疑人，依法进行侦查、拘留、执行逮捕和预审工作。

（4）地方公安机关负责查处走私武器、弹药、毒品、伪造的货币、淫秽物品、反动宣传品、文物等非涉税走私犯罪案件。但对发生在海关监管区内的上述非涉税走私犯罪案件，由走私犯罪侦查机构负责立案侦查。确因案情复杂，侦查有困难需要地方公安机关配合工作的，地方公安机关应积极给予支持、配合。

（5）对侦查终结的走私犯罪案件向检察机关移送起诉。对经侦查不构成走私罪的和虽构成走私罪但司法机关依法不追究刑事责任的案件，移交海关调查部门处理。

（6）在地方公安机关的配合下，负责制止在查办走私犯罪案件过程中发生的以暴力、威胁方法抗拒缉私和危害缉私人员人身安全的违法犯罪行为。对违反治安管理或构成其他刑事犯罪的，移交地方公安机关处理。

（7）缉私警察在履行职务过程中，依照《中华人民共和国人民警察法》和《人民警察使用警械和武器条例》的规定，可以依法使用警械、武器。

（8）依法受理、查办与走私犯罪案件有关的申诉，办理国家赔偿。

（9）负责对全国涉税走私犯罪案件的统计、综合分析。

（10）承办国务院及海关总署、公安部交办的重大走私案件和其他事项。

内设机构：

办公室、政治部、督察处、侦查一处、侦查二处、法制处、情报技术处、计划装备处、直属一队、直属二队。

9. 国际合作司

主要职责：

（1）研究提出海关外事工作规章制度，管理海关系统外事工作。

（2）组织协调与国际海关组织及有关国际机构的交流与合作，参与海关国际公约及法律文件的拟定，办理加入或接受手续并协调实施；组织协调有关国际谈判，办理签订合作协议的有关手续并协调实施。

（3）组织协调与外国、港澳台地区等海关的交流与合作、国际海关技术合作和行政互助协议的双边谈判，办理签订协议有关手续并协调实施。

（4）编制海关系统外事活动计划并组织实施，办理海关系统人员因公出国（境）和应邀来访的审批手续，归口管理对外联络和对外宣传工作，承办总署外事接待；按规定承办国家出入境检验检疫局重大外事活动、副部级以上人员出访的报批手续。

（5）对海关境外常驻机构及人员实施业务管理。

内设机构：

多边处、双边处、外事处。

10. 人事教育司

主要职责：

（1）研究拟定海关工作人员人事管理和教育培训的规章制度并组织实施。

（2）研究拟定海关工作人员录用、考核、奖惩、任免、交流、回避、辞职辞退、申诉控告和管理监督等各项规章制度并组织实施。

（3）管理海关机构设置、职位分类和人员编制。

（4）管理海关工作人员工资、福利、社会保险和职称评审。

（5）负责海关系统直属单位署管干部的人事管理。

（6）负责总署机关和在京直属事业单位的人事管理和内部保卫工作。

（7）管理海关境外常驻机构的设置及人员编制，负责对出国

（境）人员的政审工作及国家安全教育，负责境外常驻人员的选派及其配偶、子女随任或探亲等管理工作。

（8）管理海关系统国家安全工作。

（9）联系指导全国海关教育培训中心。

（10）按规定接受国家出入境检验检疫局内设司司长的任免备案。

内设机构：

办公室、人事处、干部处、工资机构编制处、教育办公室。

11. 财务科技司

主要职责：

（1）研究拟定海关（含缉私警察）经费收支、税费上缴、财务会计、基本建设、固定资产以及科技设备、车船装备等管理规章制度并组织实施。

（2）研究拟定海关科技发展规划并推动实施，组织办理海关科技进步奖励工作。

（3）审核、编制全国海关的预、决算，办理各项经费的领拨和会计核算。

（4）组织管理全国海关基本建设，审批下达基建任务，组织海关住房制度改革。

（5）管理全国海关固定资产、房地产和各类检查设备、车船、航空器及制服等装备。

（6）组织海关系统财务收支和基本建设的监督检查。

（7）管理全国海关技术改造项目进口设备减免税立项审批和全国海关机电设备进口审批事项。

（8）管理全国海关行政性收费和科技、后勤服务性经济实体。

（9）联系指导海关总署物资装备供应中心。

（10）联系审计署海关审计局。

内设机构：

财务处、税费会计处、科技装备处、基建资产处、缉私警察经费处。

12. 督察特派员办公室

主要职责：

（1）组织开展对海关行政执法常规督察和专项督察。

（2）组织开展对缉私警察执法常规检查和专项督察。

（3）协调组织对海关系统的审计工作，并负责联系审计署的外审事宜。

（4）对总署各部门依法行政、依法办事情况实施督察。

（5）组织完成总署领导交办的其他综合调研和考察任务。

内设机构：

督察一处、督察二处、督察三处。

13. 直属机关党委（思想政治工作办公室）

主要职责：

（1）研究拟定海关系统精神文明建设、思想政治工作的计划并组织实施。

（2）组织实施在海关系统进行党和国家的路线、方针、政策的宣传教育工作。

（3）监督指导各直属海关党组（党委）中心组学习、民主生活会。

（4）指导海关系统党、团建设，青年工作和基层建设。

（5）组织实施海关系统各类表彰事项。

（6）管理总署机关、国家出入境检验检疫局机关及在京直属事业单位党的工作和团员青年工作，负责总署机关工会工作。

（7）参与对总署机关行政干部的考核和民主评议，并对干部的任免、调动和奖惩提出意见和建议。

（8）负责总署机关党的纪律检查工作。

内设机构：

思想政治工作处、党群工作处（党委办公室）。

1999年，海关总署5个直属事业单位职责分工和内设机构为：

1. 海关总署机关服务中心（海关总署机关服务局）

海关总署机关服务中心是海关总署的直属事业单位（正局级）。

主要职责：

（1）提供总署机关固定资产、房产的使用、维护及物业服务。

（2）承办总署机关和直属事业单位财务会计事务。

（3）承办总署机关区域保安、消防事务。

（4）承办总署机关消耗性办公用品的采购和发放事务。

（5）承办总署在京召开会议代表和海关系统来署人员的接待事务。

（6）提供总署机关车辆使用服务。

（7）承办职工集体福利事务。

（8）协调开展海关系统后勤服务的合作与交流。

（9）经营国海宾馆。

内设机构：

办公室、机关财务处、维修处、生活服务处、机关资产处、保卫处、国海宾馆、车队。

2. 全国海关教育培训中心

全国海关教育培训中心为海关总署的直属事业单位（正局级），由人事教育司负责联系指导。

为履行全国海关教育培训管理职能，在人事教育司内挂"教育办公室"牌子，具体工作由全国海关教育培训中心承担。

主要职责：

（1）研究拟定海关教育培训发展规划、规章制度并组织实施。

（2）组织实施海关各类人员培训并颁发各类培训证书。

（3）组织实施海关院校专业教材和各类业务培训教材编写。

（4）组织实施海关系统各类考务工作。

（5）管理直属海关院校、培训中心和基地。

（6）组织实施报关员培训考试并颁发培训资格证书。

（7）组织实施海关系统教育培训的国际合作。

内设机构：

教育处、培训处、考试处。

3. 全国海关信息中心

全国海关信息中心是海关总署的直属事业单位（正局级），由通关管理司负责联系指导。

主要职责：

（1）承办全国海关和总署机关计算机、通信、网络项目的方案设计和工程建设，协助通关管理司研究提出设备选型和设备配置方案。

（2）承办全国海关和总署机关计算、通信、网络应用项目的开发、运行、维护、安全、培训等工作。

（3）承办计算机数据库的建立和维护工作。

（4）协调指导全国海关 H883/EDI 通关系统等跨关区、跨部门计算机联网运行维护，承办外部网项目的运营。

（5）承办总署机关办公自动化项目开发、运行、维护、培训等工作。负责海关总署因特网主站点的制作及技术维护，管理因特网用户。

（6）提供总署机关电话通信及电视电话会议服务。

（7）对外提供计算机硬件、软件、通信等技术咨询服务。

（8）对外提供海关进出口统计及其他信息咨询服务。

内设机构：

综合计划处、业务系统处、分析系统处、办公系统处、网络通信处、系统管理处、通关服务处。

4. 海关总署物资装备供应中心

海关总署物资装备供应中心为海关总署的直属事业单位(正局级)，由财务科技司负责联系指导。

主要职责：

（1）承办海关车辆、船舶、航空器、计算机、检查检验、化验、通信、制服等设备装备集中采购的报批、招标、谈判、签订合同、监造等采购事项。

（2）承办总署机关大宗办公用品和房地产等固定资产的集中采购事项。

（3）协调、指导各直属海关的分散采购事项。

内设机构：

办公室、财务部、车船部、技术装备部、机关供应部。

5. 中国海关杂志社

中国海关杂志社是海关总署的直属事业单位（正局级），由办公厅负责联系指导。

为履行海关宣传管理职能,在办公厅内挂"新闻办公室"牌子,具体工作由中国海关杂志社承担。

主要职责:

(1)编辑发行《中国海关》杂志和其他出版物。

(2)制作、编辑、发行海关及其他题材音像作品。

(3)承担海关对外宣传工作。

内设机构:

总编室、编辑部、出版发行部、新闻中心(与办公厅新闻办公室两块牌子、一套人马)、文印收发室(业务和人员由办公厅管理)、音像中心、财务部。

2000年12月,财务科技司更名为财务装备司,通关管理司加挂科技发展司牌子,增加司级领导职数1名,关税征管司加挂加工贸易管理司牌子,增加司级领导职数1名。中国海关杂志社更名为中国海关出版社[见《关于海关总署内设机构调整的批复》(中编办字〔2000〕85号)]。

2001年,中国电子口岸数据中心成立[见《关于海关总署成立中国电子口岸数据中心的批复》(中编办字〔2001〕76号)]。

2002年1月,中央机构编制委员会办公室批准组建海关总署驻上海特派员办事处、海关总署驻天津特派员办事处。7月12日和10日两办事处分别对外挂牌办公[见中央机构编制委员会办公室《关于组建海关总署驻上海、天津特派员办事处的批复》(中央编办复字〔2002〕1号）〕。

2002年6月，设立海关总署驻纽约总领事馆海关组〔见《海关总署办公厅关于设立驻纽约总领事馆海关组的通知》（署办发〔2002〕33号）〕。

8月，海关总署加工贸易管理司单独设置，更名为加工贸易及保税监管司；通关管理司更名为科技发展司，通关管理职能转入监管司〔见《关于海关总署内设机构调整和增加人员编制的批复》（中央编办复字〔2002〕132号）〕。

12月，中国报关协会成立〔见《海关总署关于同意成立中国报关协会的复函》（署调函（2002）540号）〕。

年内，调查局承担的部分查私办案职能转由走私犯罪侦查局承担〔见《海关总署关于印发〈海关总署调查局、侦查局、财装司职责分工〉的通知》（署厅发〔2002〕199号）〕。

2003年1月1日，海关总署走私犯罪侦查局更名为海关总署缉私局〔见《国务院办公厅关于海关总署走私犯罪侦查机构职能调整和更名的复函》（国办函〔2002〕83号）〕。

2005年3月，海关总署增设督察内审司，增加行政编制16名，司局级领导职数3名。调整后，总署内设职能机构13个〔见《关于调整海关总署机构编制的批复》（中央编办复字〔2005〕29号）〕。

6月，海关总署调查局更名为海关总署稽查司〔见《关于海关总署调查局职能调整及更名的批复》（中央编办复字〔2005〕67号）〕。

　　10月,海关总署驻俄罗斯使馆海关组调整为驻俄罗斯使馆海关处〔见《关于调整驻俄罗斯使馆海关组机构编制的批复》(中央编办复字〔2005〕121号)〕。

　　10月,海关总署物资装备供应中心更名为海关总署物资装备采购中心〔见《关于海关总署物资装备供应中心更名的批复》(中央编办复字〔2005〕131号)〕。

　　2006年5月,海关总署口岸规划办公室更名为海关总署国家口岸管理办公室〔见《关于调整海关总署机构编制的批复》(中央编办复字〔2006〕55号)〕。

　　7月,科技发展司加挂的"口岸电子执法系统协调指导委员会办公室"牌子更名为"国家电子口岸建设协调指导委员会办公室"〔见《海关总署关于转发〈国务院办公厅关于印发国家电子口岸建设协调指导委员会工作制度的通知〉及电子口岸办更名等问题的通知》(署电发〔2006〕564号)〕。

　　2006年5月,海关总署内部机构设置有:办公厅(口岸管理办公室),政策法规司,关税征管司,监管司,加工贸易及保税监管司,综合统计司,稽查司,缉私局(全国打击走私综合治理办公室),科技发展司(国家电子口岸建设协调指导委员会办公室,简称"电子口岸办"),国际合作司,财务装备司,人事教育司,离退休干部办公室,直属机关党委,政治部办公室,督察内审司,中央纪委、监察部驻署纪检组、监察局(见图1-11)。临时机构:"世界海关组织亚洲太平洋地区情报联络中心"(RILO)。事业单位:海关总署机关服务中心(海关总署机关服务局)、全国海关教育培训中心、全国海关信息中心、海关总署物资装备供应中心、中国

```
                              ┌─────────────────────────┐
                              │          办公厅           │
                              │     （口岸管理办公室）      │
                              ├─────────────────────────┤
                              │        政策法规司         │
                              ├─────────────────────────┤
                              │        关税征管司         │
                              ├─────────────────────────┤
                              │          监管司           │
                              ├─────────────────────────┤
                              │     加工贸易及保税监管司     │
                              ├─────────────────────────┤
                              │        综合统计司         │
                              ├─────────────────────────┤
                              │          稽查司           │
                              ├─────────────────────────┤
  ┌──────────┐                │          缉私局           │
  │  海关总署  │────────────────├─────────────────────────┤
  └──────────┘                │        科技发展司         │
                              ├─────────────────────────┤
                              │        国际合作司         │
                              ├─────────────────────────┤
                              │        财务装备司         │
                              ├─────────────────────────┤
                              │        人事教育司         │
                              ├─────────────────────────┤
                              │      离退休干部办公室      │
                              ├─────────────────────────┤
                              │        直属机关党委       │
                              ├─────────────────────────┤
                              │       政治部办公室        │
                              ├─────────────────────────┤
                              │        督察内审司         │
                              ├─────────────────────────┤
                              │   中央纪委、监察部驻署      │
                              │    纪检组、监察局         │
                              └─────────────────────────┘
```

图 1-11 2006 年海关总署机构设置图

海关出版社［见《海关总署关于印发〈海关总署各部门主要职责、内设机构和人员编制规定〉和〈海关总署关于各部门主要职责、内设机构和人员编制规定若干分工的解释〉的通知》（署厅发〔2006〕237 号）］。

2006年，海关总署内部各机关单位主要职责、内设机构、人员编制和领导职数具体情况如下：

1. 办公厅（口岸管理办公室）

主要职责：

（1）协助署领导研究拟订海关工作的方针政策、发展规划和综合性改革方案并组织推动，研究起草总署年度工作计划、总结和综合性请示、报告、领导讲话、会议文件等重要文稿，组织海关系统开展政策研究工作。

（2）协助署领导处理日常事务，建立和维护总署机关日常工作秩序和署内外联系。

（3）协调划分海关业务分工和总署各部门、各单位职责分工。

（4）研究提出海关公文处理规定并组织实施，审核以海关总署名义制发的各类文电。

（5）研究提出海关系统文档和保密管理办法并组织实施，承办总署机关文电收发印制和立卷归档工作。管理海关系统印章，掌管总署印信。

（6）研究提出全国性海关会议管理办法和年度计划并组织实施，承办署党组会、署务会、署办公会等署内综合性会议和全国海关综合性会议的会务工作。

（7）组织落实中央领导和署领导批示、各类综合性会议、收文等各项督促检查工作。

（8）研究提出全国海关政务信息管理办法并组织实施，承办各类署发信息、简报的编发工作。

（9）研究提出全国海关新闻宣传管理办法并组织实施，承办总署新闻发布工作。

（10）研究提出对外开放口岸规划、规范并组织实施，组织推动"大通关"工作，承办对外开放口岸审理工作。

（11）研究提出全国海关政务信息化管理办法和发展规划、年度计划并组织实施，承办总署机关政务信息化工作。

（12）研究提出全国海关值班、维护社会稳定和处置突发事件等管理办法并组织实施，承办总署机关值班工作。

（13）组织答复全国人大代表建议、全国政协委员提案，承办总署机关信访工作。

（14）联系指导中国海关出版社。

内设机构（共12个）：

办公室，署长办公室，研究室，秘书处（海关总署信访办公室），秘书二处（海关总署总值班室、海关总署安全办公室），口岸一处，口岸二处，机要处（海关总署保密委员会办公室），文电处，档案处，新闻办公室，政务信息化处。

人员编制：

72人（含事业编制20名）。司局级领导职数4名。

2. 政策法规司

主要职责：

（1）研究提出海关立法规划并组织实施。

（2）参与起草有关法律，负责起草或组织起草海关法规和综合性规章，审核署内各部门起草的专业性规章、海关方面的国际条约文本及其他规范性文件，按规定发布海关法规、规章，负责海关法规、规章的执法解释工作。

（3）归口管理海关系统的普法教育。

（4）归口管理海关系统行政审批、行政许可的制度建设和日常管理。

（5）负责建立和维护管理海关业务规范性文件数据库。

（6）归口管理海关标准化工作，制订、管理和维护海关业务信息系统标准化规范和参数数据库。

（7）管理海关行政复议、行政应诉、行政赔偿工作，审理总署管辖的行政复议、申诉案件，办理总署行政应诉事宜，承办总署案件审理委员会日常工作；组织实施对海关行政执法的法律监督。

（8）研究拟订各类进出口货物贸易管制政策、措施和海关实施的规章、制度并组织实施。

（9）受理知识产权海关保护备案申请，组织实施知识产权海关保护。

内设机构（共5个）：

办公室，法规管理处，复议应诉处，知识产权处，贸易管制处。

人员编制：

18人（含事业编制1名）。司局级领导职数3名。

3. 关税征管司

主要职责：

（1）参与研究进出口税收政策及税则税率的调整；承担关税立法调研、起草工作和税法执行过程中的一般性解释工作。

（2）研究提出关税、进口环节税等税费征收、减免、退补管理规章制度并组织监控实施。

（3）组织实施国家进出口关税和进口环节税减免的各项政策和规定。

（4）研究提出海关对边境贸易、边民互市、对台小额贸易等特殊贸易方式进出口货物的税收征管规章制度并组织监控实施。

（5）研究提出进出口货物海关估价的规章制度并组织监控实施，对境外价格调查工作实施业务管理；管理、维护商品价格资料库。

（6）研究提出海关进出口商品分类目录并组织监控实施；管理海关商品归类和化验工作，确定疑难商品的税则归类；管理、维护进出口商品归类指导数据库。

（7）研究提出国家进出口商品原产地规则并组织监控实施。

（8）参与反倾销调查，组织实施反倾销措施、反补贴措施、保障措施及其他关税措施。

（9）组织、参与各项优惠贸易协定下原产地规则的国际谈判。

（10）对海关商品价格信息机构、原产地管理机构、商品归类机构和化验机构实施业务管理。

内设机构（共6个）：

办公室，征管监控处，减免税处，价格处，商品归类处，原产地处。

人员编制：

24人（含事业编制1名）。司局级领导职数3名。

4. 监管司

主要职责：

（1）研究提出进出口货物通关、监管规章制度并组织实施，管理通关数据库。

（2）研究提出运输工具及其服务人员、进出境集装箱和进出境运输企业通关监管规章制度并组织实施。

（3）研究提出过境、转运、通运货物和暂准进出口货物、进出境展览品等监管规章制度并组织实施。

（4）研究提出报关单格式、填制规范、审单作业和出证管理的规章制度并组织实施。

（5）研究提出海关监管场所及其经营人管理的规章制度并组织实施。

（6）研究提出物流监控及货物查验科技装备、设施配置、使用管理及绩效评估的规章制度并组织实施。

（7）研究提出进出境旅客行李物品、邮递物品、快递物品、印刷品、音像制品及各类特殊管理物品（含限制、管制、禁止进出境物品）和其他物品的监管、税收征管和减免的规章制度并组织实施。

（8）研究提出各类免税品经营企业及其经营的免税外汇商品监管的规章制度并组织实施。

（9）研究提出驻华外交机构及其人员和其他各类常驻机构及非居民长期旅客公私用物品、免税品的监管规章制度并组织实施。

（10）承办武警部队参与海关监管和缉私任务的组织协调工作。

（11）对海关总署北京印刷品音像制品监控办公室、海关总署深圳行邮审价办公室、海关总署秦皇岛监管技术研究中心等机构实施业务管理。

内设机构（共7个）：

办公室，货管一处，货管二处，选择查验处，通关管理处，行李邮递物品监管处，武警工作协调处。

人员编制：

28人（含事业编制3名）。司局级领导职数4名。

5. 加工贸易及保税监管司

主要职责：

（1）参与研究和提出加工贸易、保税区、出口加工区等特殊监管区域的发展与管理的有关政策。

（2）承办国务院交由海关总署牵头办理的有关保税区、出口加工区等特殊监管区域的审核、呈批和设立后的验收等综合管理工作。

（3）研究提出加工贸易进出口货物保税监管的规章制度并组织实施。

（4）研究提出保税仓库、保税工厂、出口监管仓库等保税监管场所的海关审批和进出口货物保税监管的规章制度并组织实施。

（5）研究提出海关对保税区、出口加工区等特殊监管区域及其保税货物的监管规章制度并组织实施。

（6）承办加工贸易合同审核备案和加工贸易保税进口货物内销时的商品归类、审价的业务管理工作。

（7）对加工贸易单耗专业技术管理机构实施业务管理。

（8）参与研究和提出加工贸易保证金台账等管理制度并组织实施。

（9）承办总署参加国务院加工贸易部际联席会议的有关事项。

（10）联系指导保税区出口加工区协会。

内设机构（共5个）：

办公室，保税加工监管处，保税物流监管处，保税业务监控核查处，保税业务信息化管理处。

人员编制：

24人（含事业编制1名）。司局级领导职数3名。

6. 综合统计司

主要职责：

（1）研究提出进出口贸易海关统计制度和海关业务统计制度并组织实施。

（2）编制进出口贸易统计，管理、发布进出口贸易统计数据，归口管理对外贸易统计咨询工作，编辑海关统计刊物。

（3）开展进出口贸易统计分析和预警监测，编制我国对外贸易指数，实施海关统计监督，开展执法评估。

（4）编制海关业务统计，开展海关业务统计分析。

（5）管理进出口经营单位编码及其计算机数据库。

（6）研究提出报关单数据管理规范、数据质量标准体系并组织实施，负责报关单结关数据的质量、日常业务管理；管理全国海关报关单及随附单证的档案工作；承办所有报关单数据的使用安全管理工作。

内设机构（共5个）：

办公室，贸易统计处，数据管理处，统计分析处，执法评估处。

人员编制：

19人（含事业编制3名）。司局级领导职数3名。

7. 稽查司

主要职责：

（1）研究提出对一般贸易货物的税后稽查、加工贸易货物的后续稽查、减免税货物的后续稽查等海关稽查规章制度并组织实施。

（2）研究提出海关风险管理规章制度并组织实施。

（3）研究提出贸易调查、市场调查规章制度并组织实施。

（4）研究提出对报关单位、报关员管理及报关从业资格处罚的规章制度并组织实施。

（5）研究提出规范企业进出口行为和对企业实施分类管理的规章制度并组织实施。

（6）研究提出海关稽查、风险管理装备的使用规章制度并组织实施。

内设机构（共6个）：

办公室，稽查一处，稽查二处，风险管理处，风险分析处，企业管理处。

人员编制：

26人（含事业编制1名）。司局级领导职数4名。

8. 缉私局（全国打击走私综合治理办公室）

主要职责：

（1）研究提出海关打击走私工作计划并组织实施，负责全国海关反走私形势分析工作。

（2）研究制订走私犯罪侦查工作的规章制度并组织实施，直接组织查办重特大走私犯罪案件。

（3）管理和指导全国海关缉私部门的行政执法工作。研究提出查处走私、违规等行政违法案件的行政执法标准、措施和操作程序等具体适用法律的规章制度并组织实施和监督检查；办理对缉私部门具体行政行为的申诉案件（复议、诉讼、行政赔偿的除外）；承办总署案件审理委员会的相关工作。

（4）受理总署缉私局管辖的刑事赔偿案件、刑事申诉案件；管理、指导和办理缉私部门治安处罚及其复议、应诉工作。

（5）研究提出打击海上走私的规章制度并组织实施。

（6）研究提出缉私情报工作规章制度并组织实施。

（7）研究提出反走私综合治理方针、政策及措施并组织实施；承办对各地、各部门及海关系统反走私综合治理的组织、指导、协调、监督、检查工作；组织推动与有关部门、行业协会、大型企业签订反走私综合治理合作谅解备忘录工作。

（8）研究提出海关缉私警察队伍管理、装备管理、警务督察、纪检监察等有关规章制度并组织实施。

（9）组织开展海关打击走私违法犯罪的国际（地区）间合作。

内设机构（共12个）：

办公室、政治部、督察处、侦查一处、侦查二处（缉毒处）、查私处、海上缉私处、法制一处、法制二处、情报技术处、计划装备处、综合治理处。

人员编制：

83人（含事业编制1名）。司局级领导职数6名。

9. 科技发展司（口岸电子执法系统协调指导委员会办公室）

主要职责：

（1）研究提出海关科技发展规划、规章制度并组织实施，承担总署科技应用领导小组办公室的工作。

（2）组织全国海关业务信息化系统开发、推广应用和运行管理，归口管理海关业务数据的对外联网交换。

（3）研究提出海关信息化技术标准规范并组织实施。

（4）研究提出海关信息系统及网络安全技术方案并组织实施。

（5）组织实施全国海关计算机、网络、通信、防伪等技术和设备的选型、开发和维护。

（6）研究提出口岸电子执法系统应用发展的中长期规划及年度计划，建立与口岸电子执法系统相关单位的工作联系，协调组织推动口岸电子执法系统应用项目的开发、试点和推广。

（7）联系指导全国海关信息中心和中国电子口岸数据中心。

内设机构（共6个）：

办公室，规划标准处，运行安全处，工程项目处，技术设备处，联络处。

人员编制：

25人（含事业编制1名）。司局级领导职数5名（其中1名兼职）。

10.　国际合作司

主要职责：

（1）研究提出海关国际合作工作发展规划和年度计划并组织实施。

（2）研究拟订海关外事工作规章制度并组织实施，承办总署外事接待工作。

（3）组织协调与国际海关组织及有关国际机构的交流与合作，参与海关国际公约及法律文件的拟定，办理加入或接受手续并协调实施；组织协调有关国际谈判，办理签订合作协议的有关手续并协调实施。

（4）组织协调与外国、港澳台地区等海关的交流与合作、国际海关技术合作和海关互助合作协议的双边谈判，办理签订协议有关手续并协调实施。

（5）承办区域性海关国际合作会议、谈判及区域性海关国际合作框架内各国海关与我国海关的双边合作事务。

（6）组织参加涉及海关业务的WTO等多边经贸谈判活动，协调履行相应承诺义务和实施相关多边协议。

（7）办理海关系统人员因公出国（境）、应邀来访人员的审批手续，归口管理对外联络。

（8）对海关境外常驻机构业务进行归口管理，对其人员实施日常管理。

内设机构（共5个）：

办公室，国际合作一处，国际合作二处（港澳台事务办公室），国际合作三处，WTO事务办公室。

人员编制：

18人（含事业编制1名）。司局级领导职数3名。

11. 财务装备司

主要职责：

（1）研究拟订海关（含缉私警察，下同）经费收支、税费上缴、财务会计、基本建设、固定资产、车船装备以及罚没财物等的管理规章制度并组织实施。

（2）审核、编制、管理全国海关的预、决算，办理各项经费的领拨和会计核算，负责海关系统国库集中支付工作。

（3）组织管理全国海关基本建设，审批下达基建任务，负责海关住房制度改革工作。

（4）负责全国海关各项税费资金以及罚没收入的管理和会计核算工作。

（5）管理全国海关固定资产、房地产和车船等交通工具、制服、业务单证等装备。

（6）负责罚没财物的保管、变卖、处置等工作。

（7）负责组织海关系统财物装备工作的监督检查。

（8）管理全国海关技术改造项目进口设备减免税立项审批和全国海关机电设备进口审批事项。

（9）研究提出全国海关事业单位（包括各地海关机关服务中心）财务会计规章制度并组织实施，管理海关行政性收费和科技、后勤服务性经济实体。

（10）负责总署机关及总署缉私局日常财务会计工作。

（11）联系指导总署物资装备供应中心。

（12）联系审计署海关审计局。

内设机构（共8个）：

办公室（税费会计处），财务处，缉私警察经费处，事业财务处，基建资产处，装备处，机关财务处，集中支付处。

人员编制：

37人（含事业编制9名）。司局级领导职数3名。

12. 人事教育司

主要职责：

（1）研究提出海关干部人事管理的规章制度并组织实施。

（2）研究提出海关工作人员职位分类、录用、考核、奖惩、任免、交流、回避、辞职辞退、申诉控告和管理监督等各项规章制度并组织实施。

（3）负责署管干部的考察、考核、任免、调配、交流、干部档案管理；后备干部的选拔培养；有关非署管干部的报批报备工作和直属海关单位领导班子配备调整及总署机关、在京直属海关单位以及驻外机构的人事管理工作。

（4）管理海关机构设置、人员编制和领导职数；负责海关系统职能配置。

（5）管理海关工作人员工资、福利待遇、社会保险和职称评审工作。

（6）负责海关关衔的授予、晋级、降级、取消等工作。

（7）负责海关系统干部选拔任用工作和对署管干部的监督工作。

（8）负责总署机关、在京直属海关单位人员和海关系统署管干部出国（境）人员政审、审批和国家安全教育工作。

（9）联系指导全国海关教育培训中心。

内设机构（共6个）：

办公室，人事处，干部处，工资机构编制处，干部监督处，事业人事处。

人员编制：

37人（含事业编制3名）。司局级领导职数5名。

13. 离退休干部办公室

主要职责：

（1）贯彻党中央、国务院有关离退休干部工作的方针、政策，并根据离退休干部统一管理、待遇分开的原则，研究拟定海关离退休干部工作实施办法。

（2）组织总署机关离退休人员集体学习、过组织生活、阅读文件、通报情况和参加有关的政治活动，会同离退休人员党组织做好离退休人员的思想政治工作。

（3）负责总署机关离退休人员的医疗保健、离退休费、生活福利、健康休养和用车等日常服务管理工作。

（4）会同有关部门办理总署机关去世离退休人员的丧葬和善后处理事宜。

（5）检查指导各直属海关单位离退休干部工作。

（6）处理离退休干部来信来访和落实政策工作。

内设机构（共2个）：

离休干部处，退休干部处。

人员编制：

8人（含事业编制1名）。司局级领导职数1名。

14. 直属机关党委（思想政治工作办公室）

主要职责：

（1）研究提出海关系统思想政治建设的规划并组织实施；培养、挖掘先进典型，组织相关表彰事项。

（2）研究提出海关系统准军事化纪律部队建设及精神文明建设、基层建设、文化建设等有关规章制度并组织实施。

（3）研究提出指导基层党团组织建设的规章制度并组织实施。

（4）负责总署机关及在京直属单位党的建设和思想政治工作；负责各级党员干部政治理论的学习、教育和培训；协助总署党组落实中心组学习制度，开好民主生活会；指导各支部按照党章规定开展工作。

（5）负责总署机关及在京直属单位党风廉政建设和反腐败工作，负责涉及总署机关及在京直属单位处级和处级以下党员、非党员干部职工的信访举报和案件的检查、审理工作。

（6）负责总署机关及在京直属单位的工会、妇女工作；指导直属机关团委组织开展青年的思想教育、知识学习、文体活动；负责总署机关的生活福利工作，组织开展机关文体活动。

内设机构（共4个）：

思想政治工作处，机关党委办公室，机关纪委办公室，机关工会。

人员编制：

15人（含事业编制3名）。司局级领导职数4名。

15. 政治部办公室

主要职责:

(1)研究制订海关系统政治工作的有关制度、规定,拟制海关年度政治工作计划。

(2)指导直属海关政治部的有关工作,提出加强各级海关政治工作部门自身建设的意见和建议。

(3)负责总署政治部综合性文件起草督办和内部协调工作。

(4)指导海关内刊《金钥匙》。

人员编制:

3人。司局级领导职数1名。

16. 督察内审司

主要职责:

(1)研究制订海关内部执法监督工作制度。研究制订常规督察审计办法、专项督察审计办法并组织实施。

(2)研究制订海关系统内部审计工作制度。研究制订海关管理审计工作制度、财政财务收支、基建、采购以及海关所属事业单位审计办法并组织实施。

(3)对总署各内设部门依法履行职责、行使职权情况进行监督检查,完善督察审计意见建议书制度,加大对总署各部门决策的参与和监督力度。对全国海关开展执法监督和内部审计工作进行业务指导和协调。

(4)对海关缉私警察开展行政执法监督活动进行业务指导,对重大行政执法问题依据授权组织开展检查。

(5)研究制订海关关长任期经济责任审计工作制度并组织实施。

（6）联系协调审计署有关外审事宜。

内设机构（共3个）：

督察一处，督察二处，督察三处。

人员编制：

16人（含事业编制1名）。司局级领导职数3名。

17. 中央纪委、监察部驻署纪检组、监察局

主要职责：

（1）监督检查海关总署及海关系统贯彻执行党的路线方针政策和决议，遵守和执行国家法律、法规，执行国务院决定、命令的情况。

（2）监督检查海关总署党组和行政领导班子及其成员维护党的政治纪律，贯彻执行民主集中制，选拔任用领导干部，贯彻落实党风廉政建设责任制和廉政勤政的情况。

（3）经中央纪委批准，初步核实海关总署党组和行政领导班子及其成员违反党纪政纪的问题；参与调查海关总署党组和行政领导班子及其成员违反党纪政纪的案件；调查海关总署司局级干部和海关系统署管干部违反党纪政纪的案件及其他重要案件。

（4）协助海关总署党组和行政领导班子组织协调总署及海关系统的党风廉政建设和反腐败工作。

（5）受理对海关总署各级党组织、党员和行政监察对象的检举、控告，受理海关总署的党员和行政监察对象不服处分的申诉。

（6）承办总署巡视工作办公室有关工作。

（7）承办中央纪委、监察部交办和海关总署党组委托的其他事项。

内设机构（共3个）：

办公室，第一纪检监察室，第二纪检监察室。

人员编制：

18 人（含事业编制 1 名）。司局级领导职数 3 名。

18. "世界海关组织亚洲太平洋地区情报联络中心"（RILO）

经中央编办批准的临时机构 RILO（含国际执法合作室）临时编制 18 人（其中司局级领导职数 3 名），2008 年底自动核销。

2006 年，海关总署还就署内除上述工作职责以外的有关管理工作，明确了具体负责办理的单位。

1. 关于废物、两用物项及技术、防扩散等综合管理工作由政法司牵头办理，实施查控管理工作由监管司办理。

2. 关于署外法规性文件核提意见工作和直属海关规范性文件备案监督管理工作，由政法司牵头办理。

3. 关于对台小额贸易、边民互市等边境小额贸易及对缅木材矿业贸易的海关综合管理工作由关税司牵头办理，实施验放工作由监管司办理，打击走私工作由缉私局办理。

4. 关于境外对华及我对外捐赠、赠送物资的管理工作，由关税司牵头办理。

5. 关于 CEPA 的组织实施，由关税司牵头办理。

6. 关于构成整车特征的汽车零部件进口管理工作由关税司牵头办理。

7. 关于海关税费担保和税费网上支付的综合管理工作由关税司牵头办理。

8. 关于"集装箱安全倡议（CSI）"、"特大型港口计划（MPI）"、大湄公河次区域合作（GMS）、跨境运输（TIR）和通关安全与便利化等国际公约、协定合作项目的管理、组织实施工作由监管司牵头办理。

9. 关于储存进出境运输工具所用燃料、物料的保税库、监管库的综合管理工作由加贸司牵头办理。

10. 关于特殊监管区域、保税监管场所的货物进出和保税货物在境内、区内的转运、储存的监管综合管理工作由加贸司牵头办理，加工贸易及保税货物实际进、出境环节的监管综合管理工作由监管司牵头办理；特殊监管区域、保税监管场所的卡口设施设备及其控制系统等的配备、使用、值守、维护等工作由加贸司牵头办理，其技术标准管理工作由监管司牵头办理。

11. 关于参与国家整顿和规范市场经济秩序的有关工作，由缉私局牵头办理，涉及知识产权工作的，由政法司参与。

12. 关于防范和打击骗取出口退税工作，涉及一线监管工作的由监管司协助办理，涉及协助税务等部门查办案件工作的由缉私局牵头办理。

13. 关于"扫黄打非"工作，由缉私局牵头办理，涉及一线监管工作的由监管司协助办理。

14. 关于对台经贸协调小组办公室联络工作由国际司牵头办理。

15. 关于总署统一管理的全国海关通用业务单证的印刷、发送和费用结算工作，由财装司牵头办理。

16. 关于直属海关、院校银行账户开立、变更、撤销的审核和备案工作，以及总署机关本级银行账户的使用和管理工作，由财装司牵头办理。

17. 关于住房改革、政府采购规章制度的制订及组织实施工作由财装司牵头办理。

18.关于武警海关执勤部队部分后勤保障和营房建设工作由财装司牵头办理。

19.关于对全国海关依法接受国家审计的组织指导工作由督审司牵头办理。

20. 关于关务公开的组织推动、规范工作由办公厅牵头办理，监督检查工作由驻署监察局牵头办理。

21. 关于报关员考试、教材编写及报关员考试委员会办公室工作由教培中心牵头办理，报关员发证工作由稽查司负责办理；报关员收费管理工作由财装司负责办理。

第二部分
海关总署全宗历史情况简介

一、海关总署档案的形成与来源

海关总署档案是在本机关工作活动中直接形成的具有保存价值的各种文字、图表、音像等不同形式和载体的历史记录。海关档案管理是海关机关行政管理的重要组成部分，也是机关科学管理的基础性工作。

海关总署全宗，全面记录了海关总署机关自1949年至2006年各时期、各阶段党务、政务和海关业务等工作活动的主要情况。档案以总署形成的文件为主，同时收录了上级机关、同级机关和非隶属机关，以及下级机关的文件材料，比较全面地反映了海关总署机关的职能活动情况，是海关总署机关职能活动的真实记录。海关总署机关档案管理部门按照国家有关规定，通过接收、征集、归档等方法，把分散在本单位内部机构和个人手中的各门类档案、资料，集中至办公厅档案处实行集中统一管理。机关档案主要来源于4个方面：一是上级机关制发的文件材料；二是本机关形成的文件材料；三是同级机关和非隶属机关的文件材料；四是下级机关的文件材料。

（一）上级机关的文件材料

主要包括：需本机关贯彻执行的文件，非主管业务的法规性文件，领导人视察、检查本机关工作时的文件材料（含报纸、刊物转载，音像材料）等，本机关代上级机关草拟并被采用的最后草稿和印本。

（二）本机关形成的文件材料

1. 正式文件。本机关制发的正式文件（包括文件的正本、签发稿、重要发文的修改稿），转发、合发文件。

2. 会议文件材料。本机关党、政、工、团组织召开的代表会议、工作会议、党组（党委）会议、机关事务会议、行政领导办公会议、专业会议等会议材料，以及本单位人员外出参加针对本机关主管业务的会议文件材料。

3. 其他文件材料。本机关形成的"白头文件"，如机关工作调查、统计、合同、协议、外事等活动形成的材料；重要的来信来访记录，重要信件及其处理情况材料，重要电话记录等。

（三）同级机关和非隶属机关的文件材料

主要包括：非本机关主管业务但需贯彻执行的法规文件、检查本机关工作的重要文件、重要的来往文件。

（四）下级机关的文件材料

主要包括：下级机关报送的重要请示、工作计划、总结、报告、典型材料、报表、预算及法规性备案文件。

二、海关总署档案的数量和保管期限

（一）档案的数量

由于海关领导体制的变革,海关文书档案管理工作也不尽统一规范。

海关总署自1949年10月25日成立起就建立了档案，当时以海关文书档案为主。1949年10月至1952年底，根据海关系统实行集中统一的垂直领导体制,海关总署作为中央人民政府政务院的一个组成部分，海关文书档案归海关总署管理。1953年1月至1955年8月海关总署划归对外贸易部领导期间，档案由对外贸易部海关总署管理。1955年9月至1979年底，中央一级海关文书档案归对外贸易部海关总署管理；地方海关文书档案工作归省(市)对外贸易局管理。1980年2月，全国海关建制收归中央统一管理后，海关档案由海关总署管理，并逐步实行集中统一管理的保管方法。

海关总署现存有1949年至2006年档案卷宗共40729卷，排架长度850米，其中永久档案33861卷。根据海关总署历年来职能调整和机构的设立、合并、撤销等变化情况，海关总署文书档案分类不断增加，现有文书档案的类别主要有：综合、政策法规、监管、关税、加工贸易、稽查、调查、统计、财务装备、缉私、科技、人事教育、外事、监察、审计和党政工团等，各类卷宗共34254卷。各专业档案分为：财装司专业档案，1980年至2005年，2580卷；机关财务专业档案，1989年至2004年，2058卷；行政复议案件专业档案，1999年至2006年，1262卷；物资采购专业档案，2000年至2006年，189卷；审计专业档案，2001年至2004年，201卷；调查案件专业档案，1995年至2005年，168卷；音像专业档案，1980年至2007年，551卷(盒)。

1991年,海关总署党组作出了筹建中华人民共和国海关总署档案馆的重大决策，根据国家档案局《关于建立中华人民共和国海关总署档案馆的批复》(国档函〔1991〕102号)，海关总署建立档案馆。馆址初设于天津市营口道2号（津海关旧址），2001年迁至天津市大理道88号，2006年，又搬迁至天津市武清开发区泉州北路2号。海关总署档案馆于1993年5月5日正式开馆，成为集中保管各直属海关单位永久档案的基地，解决了海关档案的归宿问题。档案馆现存有档案全宗28个，全部档案11871卷，排架长度245米。馆藏有旧海关（秦皇岛税务司）档案891卷；各直属海关1949年至1958年"永久"文书档案，以及部分直属海关1959年至1968年"永久"文书档案10980卷；电子档案（DVD）15盘；馆藏图书资料9318卷（册）。

据统计，截至2006年，全国海关档案总量已达137.6万卷，排架长度28000米，其中永久档案以"卷"为单位管理的351247卷、以"件"为单位管理的389491件；录音、录像磁带11509盘，照片档案253609张，电子档案（磁带、磁盘、光盘）2684盘（张），缩微胶片59210卷（张）。按照有关规定，各关"永久"档案保管一定年限后，即应向总署档案馆移交。

（二）档案的保管期限

根据国家档案局关于档案保管期限和海关系统档案保管期限的规定，海关总署文书档案和会计、缉私、音像、实物等门类的专业档案定为永久、长期、短期3种保管期限。

从2008年始，海关档案保管期限依据国家档案局《机关文件材料归档范围和文书档案保管期限规定》（国家档案局第8号令）来确定，机关文书档案的保管期限定为永久、定期两种。定期分为30年、10年。

永久保管的文书档案存档内容主要包括：本机关制订的法规

政策性文件、主管业务的重要文件材料；重要会议、重大活动形成的主要文件材料；重要问题的请示与上级机关的批复、批示和重要的报告、总结、综合统计报表；机构演变、人事任免等文件材料；房屋买卖、土地征用、重要的合同协议、资产登记等凭证性文件材料等。

定期保管的文书档案主要包括：本机关职能活动中的一般性业务文件材料；上级和同级机关制发的非本机关主管业务但要贯彻执行的文件材料；同级机关、下级机关关于一般性业务问题的来函、请示与本机关的复函、批复等文件材料；下级机关报送的年度或年度以上计划、总结、统计、重要专题报告等文件材料。

三、海关总署档案的完整程度

海关总署自1949年起开始建档，历经50多年的整理收集和几代人的精心呵护，库藏量日益丰富。海关总署全宗目前所保存的档案相对完整。由于建国初期百业待兴，档案文件的收集整理工作还没有及时跟上实际管理的需要，特别是1956年前后，海关总署调整为对外贸易部的一个内设机构，组织和业务关系多次调整，造成了一些应归档文件没有及时归档,卷中常常见到以修改稿甚至草稿代替定稿和正式文件的现象；许多重要文件，例如组织机构编制，领导干部任免，内设机构增设、撤销、合并以及职能任务调整变化等方面的文件，现存档案中残缺不全。

1980年2月，全国海关建制收归中央统一管理后，海关总署根据工作需要，从外贸部收回了属于海关职能的档案。1982年组织人员将外贸部代管存放在陕西省华县外贸部档案后库的1949年—

1969年档案和1970年—1979年档案分两批共14000卷收回总署机关管理。另外，按照国家档案局有关要求，将由外贸部、上海海关代管的旧中国海关档案分两批移交中国第二历史档案馆。第一批是1981年由陕西省外贸部档案后库直接移交，第二批是1984年由上海海关代总署向中国第二历史档案馆移交，两批共移交档案124609卷。自此，海关总署集中统一管理海关文书档案，改变了以往海关文书档案管理不统一不规范的局面。

1993年，海关总署将库藏的1949年至1959年的1336卷"永久"档案暂存海关总署档案馆。

1998年海关总署升格为正部级机构以后，总署档案、资料随着机构、职能的调整和业务量的变化而逐年递增，档案门类也日益丰富。档案部门不仅收集总署机关和各事业单位的纸质载体档案，同时还收集音像、电子等其他形式的文件材料；不仅有文书档案，还包括会计、音像、缉私、基建及实物等多种门类的档案，保证了归档文件材料的齐全、完整，使档案成为全面反映海关建设与现代海关制度发展战略概况以及各项工作的历史记录。

四、海关总署机关档案的整理情况

海关总署成立初期，档案基本处于分散和无序保管的状态。自1956年，国务院发布了《加强国家档案工作的决定》后，总署机关提高了对档案工作的重视程度，加大了机关档案的管理力度，加强了档案基础工作。实践中，总署机关档案部门逐渐摸索出这样一套档案整理的方法：充分利用原基础，按文件在来源、内容、时间、形式等方面的历史联系，对档案进行系统分类、组合、排列、编目，以便于档案的保管和利用。

档案整理时，总署档案部门一是组织人力、投入经费，对档案进行保护性抢救，将海关总署1949年至1959年的文书档案进行重新整理；二是加强机关档案的收集工作，对工作活动中产生的文件进行基本的分类、组合、排列和编目，进行有序的管理；三是将积存多年的历史文件，按照要求，重新进行了立卷归档；四是重新编制案卷目录、全引目录、卷内文件目录等检索工具，使海关总署机关档案工作逐步走上规范化管理的轨道。

1991年，为了实现档案管理的现代化和尽可能地延长纸质档案的寿命，海关总署批准将海关总署机关1949年至1959年的永久文书档案暂存于海关总署档案馆。档案馆组织人力、设备，开发计算机档案数字化软件，对全部档案进行了扫描和光盘存储，既有效地延长了纸质档案的寿命，又方便了档案的检索利用。

2002年，海关总署在人员、机构十分紧张的情况下，在办公厅内设立了档案处。作为海关总署机关档案工作的职能部门，档案处负责总署机关档案工作的管理和海关系统档案工作的监督、指导。

（一）建立各项档案管理规章制度

根据《中华人民共和国档案法》及《中华人民共和国档案法实施办法》，结合海关工作实际，总署对机关文书档案的管理，逐步建立起各项档案规章制度。先后制订了《海关档案业务建设规范》、《海关音像档案管理办法》、《海关文书档案保管期限的规定》、《海关系统文书档案案卷质量标准》《海关总署档案馆接收档案办法》、《关于编制全国各直属海关、院校档案全宗号的通知》、《海关档案管理办法》、《海关档案业务标准规定》等一系列规章制度，明确了海关档案工作的目标、标准和具体要求，使档案工作每一个流程、每一个环节都有章可循、有据可依，基本形成了比较系统完善的海关档案管理规章制度体系，推进了海关系统依法治档工作。

（二）坚持做好收集与归档工作

自1980年以来，总署机关档案每年按"年度—组织机构—保管期限"立卷归档，做到一年一归档，并每年接收机关各部门移交的各门类、各载体的档案，保证了归档的齐全和完整。

（三）坚持开展档案年度检查与评比

海关总署机关坚持年年实行档案年检评比活动，接收各部门档案时，逐卷逐件检查，发现问题及时修正，有效地保证了入库档案能够严格按照档案业务标准进行规范整理，确保了入库档案的案卷质量。

（四）做好历史档案的修复工作

过去，受保管条件的限制，总署机关库藏部分档案、资料有的纸张破损、残缺不全，有的虫蛀霉变、字迹模糊。自2005年起，总署机关档案部门对库藏的20世纪50至60年代的档案进行了全面修复工作。历时一年多的裱糊修复，使档案恢复了原来的面貌，延长了档案的寿命，并对全部档案进行了扫描和光盘存储。

（五）全面推行机关文书立卷改革

2004年，机关文书归档工作进行了改革，将以"卷"归档改为以"件"归档。新的管理方法达到了"简化整理、深化检索"的目的,实现了纸质文件与电子文件同时归档,符合现代档案管理的要求,极大地提高了工作效率,实现了公文处理与档案管理数据资源共享,进一步提高了归档文件整理的标准化和自动化水平。

（六）加强海关档案管理的指导、监督和检查

1989年,总署办公厅在系统内成立档案研究小组,并以此为依托,加强对海关档案工作的指导和监督,促进了海关档案管理的规范化;1996年,总署办公厅在海关系统组织开展档案达标升级工作,全国海关共有104个单位档案综合管理晋升等级;2005年,海关总署在全国海关单位推行海关政务办公系统(HB2004),全面实现了海关文书档案立卷改革和文档一体化,从根本上提高了海关档案信息化水平。

五、海关总署档案检索工具的编制情况

编制档案检索工具是进行档案管理、档案利用、开发档案信息资源、开展档案工作交流的必要管理手段。灵活运用检索工具,可以按照利用者的需要,对库藏档案进行多层次、全方位的检索,迅速提供档案资料,满足利用者的需要。如今,随着档案数字化的发展与普及,无论距离远近,只要借助海关政务网,档案部门都可以通过电子文件网络,为利用者提供及时、快速、便捷的服务。

海关总署机关编制的档案检索工具,主要分两大类,即手工检索工具和电子检索工具。

（一）手工检索工具

手工检索工具主要有：全宗指南（全宗介绍）、案卷目录、卷内文件目录、全引目录、归档文件目录、专题目录。

1. 全宗指南（全宗介绍）是向档案利用者介绍和报道全宗构成者(立档单位)及其所形成档案情况的工具书。

2. 案卷目录是按照案卷的排列顺序，依据案卷号、题名、年度、页数、保管期限和备注等内容编制的档案检索工具。

3. 卷内文件目录是按卷内文件排列的顺序，依据文件的顺序号、责任者、文件标题、成文日期、文件页号、备注等内容编制的档案检索工具。

4. 全引目录是将案卷目录与卷内目录有机结合而成的档案检索工具。

5. 归档文件目录是以单份文件为单位，依据档案整理顺序编制的档案检索工具。

6. 专题目录是把有关同一专题的档案线索集中起来编制的档案检索工具。

目前，海关总署机关档案检索工具有：

全宗卷，1949 年至 2006 年，58 册；

案卷目录，1949 年至 2006 年，1025 册；

全引目录，1949 年至 2006 年，598 册；

归档文件目录，1949 年至 2006 年，33 册。

（二）电子检索工具

进入 21 世纪以来，海关总署办公厅按照国家档案局关于档案数字化的规范要求，先后分两次对总署机关库存的 1949 年至 1960 年和 1961 年至 2005 年的海关档案进行了整理、扫描、著录工作，共扫描档案 26714 卷 5342800 页。2006 年，总署档案部门与政务信息部门在较短的时间内共同开发了文档一体化档案管理子系统，不断加以完善并推广应用，实现了总署机关文档一体化和电子文件网络查档用档全文阅览的功能，为档案查询利用和开发编研奠定了扎实的基础。

六、海关总署档案的利用价值和鉴定情况

（一）档案的价值

档案服务利用是档案工作永恒的主题。多年来，海关总署的档案在辅助领导决策、提供工作查考、编史修志、学术研究、经济建设、宣传教育等方面提供了重要线索，发挥了重大作用，体现了档案的价值。海关总署文书档案全面记录和反映了 1949 年以来总署机关工作活动的全部内容，借助档案可了解情况、查往知来、制订政策、处理问题，保证了机关政策上、管理上的连续性和有效性；海关总署音像档案保存了反映机关重大活动和会议的照片及录像材料，生动形象地反映了 1952 年以来海关总署划归对外贸易部领导，直至改革开放以来海关总署成为国务院直属副部级、正部级机构等体制变化的情况；其他如会计、基建、缉私、实物、行政复议和行政诉讼、审计、纪检监察、稽查、科研等专门档案，也分别为各项工作的正常开展发挥了重要的凭证和参考作用。

多年来，海关总署办公厅紧紧围绕海关中心工作，拓宽档案

服务利用思路，提高服务水平，积极主动地为海关改革和现代化建设提供优质、高效、便捷的服务。一是为海关总署有关部门开展工作提供档案资料的查询、借阅、复印等服务；二是进行文件汇编，汇编了《海关总署机关组织机构沿革》、《海关重要文件选编》和《海关法规汇编》、《海关总署全宗指南》等；三是为海关文化建设服务，海关总署利用库藏档案资料先后编撰了《中国改革开放辉煌成就十四年（海关卷）》、《当代中国海关》、《中国海关百科全书》、《旧中国海关总税务司署通令选编》、《中外旧约章》、《中国旧海关与近代社会图史》、《中国海关文物集萃》、《中国海关通志》等。

（二）档案的鉴定

海关总署机关对档案鉴定主要包括两方面：一是归档鉴定工作，二是期满鉴定工作。

归档鉴定工作把好"两关"，即档案立卷鉴定关、保管期限复查鉴定关。

档案立卷鉴定，即在每年的文件立卷归档时，严格执行海关各门类档案的归档与不归档范围的规定，确保该归档的文件全部归档，不该归档的文件坚决不归档；保管期限复查鉴定，即通过定期和不定期检查的方法，对库藏档案的保管期限进行复查鉴定，发现问题及时整改。

期满档案鉴定工作。销毁期满档案前，由单位分管领导和档案部门以及有关业务部门组成档案鉴定审查小组，根据档案价值鉴定的有关规定，对期满档案进行存毁鉴定。对经过鉴定需要继续保存的档案，应重新整理；对经过鉴定可以销毁的档案，应履行审批程序并按规定予以销毁。鉴定工作结束后，鉴定审查小组应编制档案鉴定报告和销毁清册，作为备查的文据和日后查考档案销毁的凭证。

1980年，总署机关对1950年至1979年的档案进行了重新鉴定，对到期无保留价值的档案资料进行了全面的清理。

七、海关总署档案的制度建设情况

制度是开展工作的标准和依据，具有根本性、规范性。近几年来，海关总署加大依法治档的力度，不断健全、完善海关档案工作规章制度，修订和制发的海关档案制度主要有：

1. 海关总署办公厅关于进一步规范档案管理的通知（署办函〔2001〕69号）；

2. 海关总署办公厅关于印发《海关档案业务标准规定（试行）》的通知（署厅发〔2003〕51号）；

3. 海关总署关于印发《进出口货物报关单证档案管理制度》的通知（署统发〔2003〕369号）；

4. 海关总署办公厅关于印发《海关系统档案著录规则》和《海关系统归档文件整理规则》的通知（署办发〔2004〕13号）；

5. 海关总署办公厅关于明确海关档案业务中有关问题的通知（署办发〔2005〕5号）；

6. 海关总署关于印发《海关档案工作管理办法》的通知（署厅发〔2005〕117号）；

7. 海关总署办公厅关于印发《海关档案综合管理复查评估办法》的通知（署办发〔2006〕50号）；

8. 海关总署办公厅关于印发《海关系统档案数字化管理规定》的通知（署办发〔2007〕16号）；

9. 海关总署关于印发《海关缉私专业档案管理办法》的通知（署缉发〔2007〕150号）；

10. 海关总署办公厅关于印发《海关档案、资料利用管理规定》的通知（署办发〔2007〕48号）。

第三部分
海关总署档案的内容与成分介绍

自 1949 年中华人民共和国中央人民政府海关总署成立时起，海关总署在历年的日常工作活动中形成了大量的具有保存价值的文字、图表、音像等不同形式的历史记录，这些统称海关总署档案。海关总署隶属关系的变更以及行政级别的变化，直接影响着海关总署档案内容和成分的变化。

1998年中央决定设置海关总署为国务院直属正部级机构以来，海关总署各项改革建设始终处在大发展、大跨越之中，海关总署的档案管理工作也着眼于发展大局，与海关建设同发展同进步。如今，海关总署全宗内包括文书、音像、会计、基建、缉私、实物、行政诉讼和行政复议、稽查、科研、纪检监察、审计等档案的内容和成分。

一、文书档案

海关文书档案是海关档案的重要组成部分，是海关各单位、各部门档案工作主要内容之一。文书档案管理涉及收集、整理、鉴定、统计、保管、检索、利用和编研等各环节以及档案保护技术等诸多方面的内容，海关总署文书档案基本上以"年度—组织机构—保管期限"进行组卷。在归档过程中，遵循文件的形成规律，依据文件的分类原则，保持文件在来源、时间、内容和形式等方面的有机联系，区分不同价值、确定保管期限进行立卷归档。

长期以来，文书档案保管期限按永久、长期、短期保存。自2008年始，海关档案保管期限依据国家档案局《机关文件材料归档范围和文书档案保管期限规定》（国家档案局第8号令）来确定，海关文书档案的保管期限定为永久、定期保存,定期一般分为30年、10年。

2005年(含)以前,海关总署归档文件以"卷"为单位进行保管。2006年起,海关总署档案信息化建设取得突破性进展,总署机关各单位及直属事业单位实现了文档一体化,为文书立卷改革提供了契机。立卷改革是指在归档文件整理原则不变的前提下,将原来的以"卷"为单位改为以"件"为单位进行整理。立卷改革从"简化整理、深化检索"出发,使归档文件的整理工作体现出简化、兼容、灵活的特点,充分发挥了计算机在档案管理中的作用,具有较普遍的适用性。档案信息化使文书档案从传统上单一的纸质档案,发展到电子档案与纸质档案并存的新时期。

目前,海关总署文书档案的内容包括办公厅(口岸管理办公室)、政策法规司、关税征管司、监管司、加工贸易及保税监管司、综合统计司、稽查司、缉私局(全国打击走私综合治理办公室)、科技发展司(口岸电子执法系统协调指导委员会办公室)、国际合作司、财务装备司、人事教育司、离退休干部办公室、直属机关党委(思想政治工作办公室)、政治部办公室、督察内审司、海关总署机关服务中心、全国海关教育培训中心、全国海关信息中心、海关总署物资装备供应中心、中国海关出版社等20多个单位(部门)工作活动中产生的文件材料。

(一)办公厅(口岸管理办公室)形成的文书档案

其内容包括:

1. 办公厅(口岸管理办公室)协助署领导研究拟订海关工作的方针政策、发展规划和综合性改革方案并组织推动,研究起草总署年度工作计划、总结和综合性请示、报告、领导讲话、会议文件等重要文稿，组织海关系统开展政策研究工作等形成的文件材料；

2. 协助署领导处理日常事务，建立和维护总署机关日常工作秩序和署内外联系等方面的文件材料；

3. 协调划分海关业务分工和总署各部门、各单位职责分工等方面的文件材料；

4. 海关系统及总署机关内部有关海关公文处理、机要保密、立卷归档、印章、印信管理等方面的文件材料；

5. 全国性海关会议管理办法和年度计划并组织实施，署党组会、署务会、署办公会等署内综合性会议和全国海关综合性会议等形成的文件材料；

6. 组织落实中央领导和署领导批示、各类综合性会议、收文等各项督促检查工作等形成的文件材料；

7. 全国海关政务信息管理办法并组织实施的文件材料；

8. 编发各类署发信息、简报等形成的文件材料；

9. 全国海关新闻宣传管理办法并组织实施的文件材料；

10. 总署新闻发布工作形成的文件材料；

11. 国家口岸管理办公室有关对外开放口岸规划、规范并组织实施的文件材料；

12. 组织推动"大通关"工作，承办对外开放口岸审理工作的文件材料；

13. 全国海关政务信息化管理办法和发展规划、年度计划并组织实施的文件材料；

14. 承办总署机关政务信息化工作中形成的文件材料；

15. 全国海关值班、维护社会稳定和处置突发事件等管理办法并组织实施的文件材料；

16. 总署机关值班工作形成的文件材料；

17. 答复全国人大代表建议、全国政协委员提案，承办总署机关信访工作等形成的文件材料；

18. 联系指导中国海关出版社形成的文件材料。

（二）政策法规司形成的文书档案

其内容包括：

1. 海关立法规划并组织实施的文件材料；

2. 参与起草有关法律，负责起草或组织起草海关法规和综合性规章，审核署内各部门起草的专业性规章、海关方面的国际条约文本及其他规范性文件，按规定发布海关法规、规章，负责海关法规、规章的执法解释工作等方面形成的文件材料；

3. 海关系统普法教育方面的文件材料；

4. 海关系统行政审批、行政许可的制度建设和日常管理中形成的文件材料；

5. 建立和维护管理海关业务规范性文件数据库方面的文件材料；

6. 海关标准化工作，制订、管理和维护海关业务信息系统标准化规范和参数数据库等方面的文件材料；

7. 海关行政复议、行政应诉、行政赔偿工作，审理总署管辖的行政复议、申诉案件，办理总署行政应诉事宜，承办总署案件审理委员会日常工作，以及组织实施对海关行政执法的法律监督等方面的文件材料；

8. 拟订各类进出口货物贸易管制政策、措施和海关实施的规章、制度并组织实施等方面的文件材料；

9. 受理知识产权海关保护备案申请，组织实施知识产权海关保护方面的文件材料。

（三）关税征管司形成的文书档案

其内容包括：

1. 研究进出口税收政策及税则税率的调整，关税立法调研、起草工作和税法执行过程中的一般性解释工作等形成的文件材料；

2. 关税、进口环节税等税费征收、减免、退补管理规章制度并组织监控实施等方面的文件材料；

3. 组织实施国家进出口关税和进口环节税减免的各项政策和规定的文件材料；

4. 海关对边境贸易、边民互市、对台小额贸易等特殊贸易方式进出口货物的税收征管规章制度并组织监控实施的文件材料；

5. 制订进出口货物海关估价的规章制度并组织监控实施，对境外价格调查工作实施业务管理等形成的文件材料；

6. 管理、维护商品价格资料库的文件材料；

7. 海关进出口商品分类目录并组织监控实施的文件材料；

8. 管理海关商品归类和化验工作，确定疑难商品的税则归类的文件材料；

9. 管理、维护进出口商品归类指导数据库的文件材料；

10. 国家进出口商品原产地规则并组织监控实施的文件材料；

11. 参与反倾销调查，组织实施反倾销措施、反补贴措施、保障措施及其他关税措施的文件材料；

12. 组织、参与各项优惠贸易协定下原产地规则的国际谈判的文件材料；

13. 对海关商品价格信息机构、原产地管理机构、商品归类机构和化验机构实施业务管理的文件材料。

（四）监管司形成的文书档案

其内容包括：

1. 制订进出口货物通关、监管规章制度并组织实施，管理通关数据库形成的文件材料；

2. 制订运输工具及其服务人员、进出境集装箱和进出境运输企业通关监管规章制度并组织实施的文件材料；

3. 制订过境、转运、通运货物和暂准进出口货物、进出境展览品等监管规章制度并组织实施的文件材料；

4. 制订报关单格式、填制规范、审单作业和出证管理的规章制度并组织实施的文件材料；

5. 制订海关监管场所及其经营人管理的规章制度并组织实施的文件材料；

6. 制订物流监控及货物查验科技装备、设施配置、使用管理及绩效评估的规章制度并组织实施的文件材料；

7. 制订进出境旅客行李物品、邮递物品、快递物品、印刷品、音像制品及各类特殊管理物品（含限制、管制、禁止进出境物品）和其他物品的监管、税收征管和减免的规章制度并组织实施的文件材料；

8. 制订各类免税品经营企业及其经营的免税外汇商品监管的规章制度并组织实施的文件材料；

9. 制订驻华外交机构及其人员和其他各类常驻机构及非居民长期旅客公私用物品、免税品的监管规章制度并组织实施的文件材料；

10. 武警部队参与海关监管和缉私任务的组织协调工作方面的文件材料；

11. 对海关总署北京印刷品音像制品监控办公室、海关总署深圳行邮审价办公室、海关总署秦皇岛监管技术研究中心的机构实施业务管理形成的文件材料。

（五）加工贸易及保税监管司形成的文书档案

其内容包括：

1. 加工贸易、保税区、出口加工区等特殊监管区域的发展与管理的有关政策方面的文件材料；

2. 国务院交由海关总署牵头办理的有关保税区、出口加工区等特殊监管区域的审核、呈批和设立后的验收等综合管理工作形成的文件材料；

3. 制订加工贸易进出口货物保税监管的规章制度并组织实施的文件材料；

4. 制订保税仓库、保税工厂、出口监管仓库等保税监管场所的海关审批和进出口货物保税监管的规章制度并组织实施的文件材料；

5. 制订海关对保税区、出口加工区等特殊监管区域及其保税货物的监管规章制度并组织实施的文件材料；

6. 加工贸易合同审核备案和加工贸易保税进口货物内销时的商品归类、审价的业务管理工作形成的文件材料；

7. 对加工贸易单耗专业技术管理机构实施业务管理的文件材料；

8. 制订加工贸易保证金台账等管理制度并组织实施的文件材料;

9. 总署参加国务院加工贸易部际联席会议的有关事项的文件材料;

10. 联系指导保税区出口加工区协会形成的文件材料。

（六）综合统计司形成的文书档案

其内容包括:

1. 制订进出口贸易海关统计制度和海关业务统计制度并组织实施的文件材料;

2. 编制进出口贸易统计,管理、发布进出口贸易统计数据,归口管理对外贸易统计咨询工作,编辑海关统计刊物等方面工作形成的文件材料;

3. 开展进出口贸易统计分析和预警监测,编制我国对外贸易指数,实施海关统计监督,开展执法评估等形成的文件材料;

4. 编制海关业务统计,开展海关业务统计分析的文件材料;

5. 管理进出口经营单位编码及其计算机数据库的文件材料;

6. 报关单数据管理规范、数据质量标准体系并组织实施,报关单结关数据的质量、日常业务管理等方面的文件材料;

7. 管理全国海关报关单及随附单证的档案工作,承办所有报关单数据的使用安全管理工作等方面的文件材料。

（七）稽查司形成的文书档案

其内容包括:

1. 制订对一般贸易货物的税后稽查、加工贸易货物的后续稽

查、减免税货物的后续稽查等海关稽查规章制度并组织实施的文件
材料；

2. 制订海关风险管理、贸易调查、市场调查等方面的规章制
度并组织实施的文件材料；

3. 制订对报关单位、报关员管理及报关从业资格处罚、规范
企业进出口行为和对企业实施分类管理的规章制度并组织实施的
文件材料；

4. 制订海关稽查、风险管理装备的使用等规章制度并组织实
施形成的文件材料。

（八）缉私局（全国打击走私综合治理办公室）形成的文书档案

其内容包括：

1. 制订海关打击走私工作计划并组织实施的文件材料；

2. 全国海关反走私形势分析的文件材料；

3. 制订走私犯罪侦查工作的规章制度并组织实施的文件材料；

4. 组织查办重特大走私犯罪案件的文件材料；

5. 管理和指导全国海关缉私部门的行政执法工作的文件材料；

6. 制订查处走私、违规等行政违法案件的行政执法标准、措
施和操作程序等具体适用法律的规章制度并组织实施和监督检查的
文件材料；

7. 办理对缉私部门具体行政行为的申诉案件（复议、诉讼、行
政赔偿的除外）的文件材料；

8. 与总署案件审理委员会相关的文件材料；

9. 受理总署缉私局管辖的刑事赔偿案件、刑事申诉案件的文

件材料；

10. 管理、指导和办理缉私部门治安处罚及其复议、应诉工作的文件材料；

11. 制订打击海上走私、缉私情报工作、反走私综合治理方针、政策及措施等的规章制度并组织实施的文件材料；

12. 承办对各地、各部门及海关系统反走私综合治理的组织、指导、协调、监督、检查工作的文件材料；

13. 组织推动与有关部门、行业协会、大型企业签订反走私综合治理合作谅解备忘录工作的文件材料；

14. 制订海关缉私警察队伍管理、装备管理、警务督察、纪检监察等有关规章制度并组织实施的文件材料；

15. 组织开展海关打击走私违法犯罪的国际（地区）间合作的文件材料。

（九）科技发展司（口岸电子执法系统协调指导委员会办公室）形成的文书档案

其内容包括：

1. 制订海关科技发展规划、规章制度并组织实施，承担总署科技应用领导小组办公室的工作等形成的文件材料；

2. 组织全国海关业务信息化系统开发、推广应用和运行管理，归口管理海关业务数据的对外联网交换等方面的文件材料；

3. 制订海关信息化技术标准规范并组织实施的文件材料；

4. 制订海关信息系统及网络安全技术方案并组织实施的文件材料；

5. 组织实施全国海关计算机、网络、通信、防伪等技术和设备的选型、开发和维护等方面的文件材料；

6. 制订口岸电子执法系统应用发展的中长期规划及年度计划，建立与口岸电子执法系统相关单位的工作联系，协调组织推动口岸电子执法系统应用项目的开发、试点和推广等方面的文件材料；

7. 联系指导全国海关信息中心和中国电子口岸数据中心的文件材料。

（十）国际合作司形成的文书档案

其内容包括：

1. 制订海关国际合作工作发展规划和年度计划并组织实施的文件材料；

2. 制订海关外事工作规章制度并组织实施的文件材料；

3. 总署外事接待工作的文件材料；

4. 组织协调与国际海关组织及有关国际机构的交流与合作，参与海关国际公约及法律文件的拟定，办理加入或接受手续并协调实施等方面的文件材料；

5. 组织协调有关国际谈判，办理签订合作协议的有关手续并协调实施等方面的文件材料；

6. 组织协调与外国、港澳台地区等海关的交流与合作、国际海关技术合作和海关互助合作协议的双边谈判，办理签订协议有关手续并协调实施等方面的文件材料；

7. 承办区域性海关国际合作会议、谈判及区域性海关国际合作框架内各国海关与我国海关的双边合作事务等方面的文件材料；

8. 组织参加涉及海关业务的WTO等多边经贸谈判活动，协调履行相应承诺义务和实施相关多边协议等方面的文件材料；

9. 海关系统人员因公出国（境）、应邀来访人员的审批手续，归口管理对外联络等方面的文件材料；

10. 对海关境外常驻机构业务归口管理，对其人员实施日常管理的文件材料。

（十一）财务装备司形成的文书档案

其内容包括：

1. 制订海关（含缉私警察，下同）经费收支、税费上缴、财务会计、基本建设、固定资产、车船装备以及罚没财物等的管理规章制度并组织实施的文件材料；

2. 审核、编制、管理全国海关的预、决算，办理各项经费的领拨和会计核算，海关系统国库集中支付等方面文件材料；

3. 组织管理全国海关基本建设，审批下达基建任务，负责海关住房制度改革等方面的文件材料；

4. 全国海关各项税费资金以及罚没收入的管理和会计核算的文件材料；

5. 管理全国海关固定资产、房地产和车船等交通工具、制服、业务单证等装备的文件材料；

6. 罚没财物的保管、变卖、处置等方面的文件材料；

7. 海关系统财物装备工作监督检查的文件材料；

8. 全国海关技术改造项目进口设备减免税立项审批和全国海关机电设备进口审批事项的文件材料；

9. 制订全国海关事业单位（包括各地海关机关服务中心）财务会计规章制度并组织实施的文件材料；

10. 管理海关行政性收费和科技、后勤服务性经济实体等方面的文件材料；

11. 总署机关及总署缉私局日常财务会计工作方面的文件材料；

12. 联系指导总署物资装备供应中心的文件材料；

13. 联系审计署驻海关审计局的文件材料。

（十二）人事教育司形成的文书档案

其内容包括：

1. 制订海关干部人事管理、海关工作人员职位分类、录用、考核、奖惩、任免、交流、回避、辞职辞退、申诉控告和管理监督等各项规章制度并组织实施的文件材料；

2. 署管干部的考察、考核、任免、调配、交流、干部档案管理的文件材料；

3. 后备干部的选拔培养、有关非署管干部的报批报备工作和直属海关单位领导班子配备调整及总署机关、在京直属海关单位以及驻外机构的人事管理工作等方面的文件材料；

4. 海关机构设置、人员编制和领导职数，海关系统职能配置，海关工作人员工资、福利待遇、社会保险和职称评审、关衔的授予、晋级、降级、取消等方面的文件材料；

5. 海关系统干部选拔任用工作和对署管干部的监督，总署机关、在京直属海关单位人员和海关系统署管干部出国（境）人员政审、审批和国家安全教育等形成的文件材料；

6. 联系指导全国海关教育培训中心的文件材料。

（十三）离退休干部办公室形成的文书档案

其内容包括：

1. 贯彻党中央、国务院有关离退休干部工作的方针、政策,制订海关离退休干部管理实施办法的文件材料;

2. 组织总署机关离退休人员集体学习、过组织生活、阅读文件、通报情况和参加有关的政治活动,会同离退休人员党组织做好离退休人员的思想政治工作等方面的文件材料;

3. 总署机关离退休人员的医疗保健、离退休费、生活福利、健康休养和用车等日常服务管理等方面的文件材料;

4. 会同有关部门办理总署机关去世离退休人员的丧葬和善后处理事宜的文件材料;

5. 检查指导各直属海关单位离退休干部工作的文件材料;

6. 处理离退休干部来信来访和落实政策工作的文件材料。

(十四)直属机关党委(思想政治工作办公室)形成的文书档案

其内容包括:

1. 制订海关系统思想政治建设的规划并组织实施的文件材料;

2. 培养、挖掘先进典型,组织相关表彰事项的文件材料;

3. 制订海关系统准军事化纪律部队建设及精神文明建设、基层建设、文化建设等有关规章制度并组织实施的文件材料;

4. 制订指导基层党团组织建设的规章制度并组织实施的文件材料;

5. 总署机关及在京直属单位党的建设和思想政治工作,各级党员干部政治理论的学习、教育和培训,协助总署党组落实中心组学习制度,开好民主生活会,指导各支部按照党章规定开展工作等方面的文件材料;

6. 总署机关及在京直属单位党风廉政建设和反腐败工作，涉及总署机关及在京直属单位处级和处级以下党员、非党员干部职工的信访举报和案件的检查、审理工作等方面的文件材料；

7. 总署机关及在京直属单位的工会、妇女工作，指导直属机关团委组织开展青年的思想教育、知识学习、文体活动，总署机关的生活福利工作，组织开展机关文体活动等形成的文件材料。

（十五）政治部办公室形成的文书档案

其内容包括：

1. 制订海关系统政治工作的有关制度、规定，制订海关年度政治工作计划等方面的文件材料；

2. 指导直属海关政治部的有关工作，提出加强各级海关政治工作部门自身建设的意见和建议的文件材料；

3. 总署政治部综合性文件制订、督办和内部协调工作等方面的文件材料；

4. 指导海关内刊《金钥匙》的文件材料。

（十六）督察内审司形成的文书档案

其内容包括：

1. 制订海关内部执法监督工作制度方面的文件材料；

2. 研究制订常规督察审计办法，专项督察审计办法，海关关长任期经济责任审计工作制度，海关系统内部审计工作制度，以及海关管理审计工作制度、财政财务收支、基建、采购以及海关所属事业单位审计办法等并组织实施的文件材料；

3. 对总署各内设部门依法履行职责、行使职权情况进行监督检查,完善督察审计意见建议书制度,加大对总署各部门决策的参与和监督力度,对全国海关开展执法监督和内部审计工作进行业务指导和协调等方面的文件材料;

4. 对海关缉私警察开展行政执法监督活动进行业务指导,对重大行政执法问题依据授权组织开展检查的文件材料;

5. 联系协调审计署有关外审事宜的文件材料。

(十七)中央纪委、监察部驻署纪检组、监察局形成的文书档案

其内容包括:

1. 监督检查海关总署及海关系统贯彻执行党的路线方针政策和决议,遵守和执行国家法律、法规,执行国务院决定、命令等形成的文件材料;

2. 监督检查海关总署党组和行政领导班子及其成员维护党的政治纪律,贯彻执行民主集中制,选拔任用领导干部,贯彻落实党风廉政建设责任制和廉政勤政等方面的文件材料;

3. 经中央纪委批准,初步核实海关总署党组和行政领导班子及其成员违反党纪政纪问题的文件材料;

4. 参与调查海关总署党组和行政领导班子及其成员违反党纪政纪案件的文件材料;

5. 调查海关总署司局级干部和海关系统署管干部违反党纪政纪的案件及其他重要案件的文件材料;

6. 协助海关总署党组和行政领导班子组织协调总署及海关系统的党风廉政建设和反腐败工作的文件材料;

7. 受理对海关总署各级党组织、党员和行政监察对象的检举、

控告，受理海关总署的党员和行政监察对象不服处分而申诉的文件材料；

8. 承办总署巡视工作办公室有关工作，中央纪委、监察部交办和海关总署党组委托的其他事项等方面的文件材料。

（十八）海关总署机关服务中心形成的文书档案

其内容包括：

1. 总署机关固定资产、房产的使用、维护及物业服务方面的文件材料；

2. 总署机关和直属事业单位财务会计事务，总署机关区域保安、消防事务，总署机关消耗性办公用品的采购和发放事务，总署在京召开会议代表和海关系统来署人员的接待事务，总署机关车辆使用服务，职工集体福利事务，开展海关系统后勤服务的合作与交流，经营国海宾馆等形成的文件材料。

（十九）全国海关教育培训中心形成的文书档案

其内容包括：

1. 制订海关教育培训发展规划、规章制度并组织实施的文件材料；

2. 组织实施海关各类人员培训并颁发各类培训证书，海关院校专业教材和各类业务培训教材编写，海关系统各类考务工作等方面的文件材料；

3. 管理直属海关院校、培训中心和基地的文件材料；

4. 组织实施报关员培训考试并颁发培训资格证书，海关系统教育培训的国际合作等方面的文件材料。

（二十）全国海关信息中心形成的文书档案

其内容包括：

1. 全国海关和总署机关计算机、通信、网络项目的方案设计和工程建设，全国海关和总署机关计算、通信、网络应用项目的开发、运行、维护、安全、培训，计算机数据库的建立和维护，协调指导全国海关 H883/EDI 和 H2000 通关系统等跨关区、跨部门计算机联网运行维护及外部网项目的运营，总署机关办公自动化项目开发、运行、维护、培训，海关总署因特网主站点的制作及技术维护，管理因特网用户等形成的文件材料；

2. 总署机关电话通信及电视电话会议服务，对外提供计算机硬件、软件、通信等技术咨询服务和海关进出口统计及其他信息咨询服务等方面的文件材料。

（二十一）海关总署物资装备采购中心形成的文书档案

其内容包括：

海关车辆、船舶、航空器、计算机、检查检验、化验、通信、制服等设备装备集中采购的报批、招标、谈判、签订合同、监造，总署机关大宗办公用品和房地产等固定资产的集中采购，协调、指导各直属海关的分散采购等事项中形成的文件材料。

（二十二）中国海关出版社形成的文书档案

其内容包括：

1. 该社出版范围内的图书、音像制品及电子出版物和影视作品的编辑、制作、出版和发行等方面的文件材料；

2. 《中国海关》期刊及海关总署机关各类内部读物的编辑印发等方面的文件材料；

3. 海关业务单证等印制品的印发及相关工作的文件材料。

二、音像档案

海关音像档案是指海关系统的单位或个人在职能活动中直接形成的，具有保存价值的，以感光或磁性材料为载体，以声音或影像为主要反映方式的历史记录。

海关音像档案的内容包括：反映海关主要职能活动或工作成果的音像制品；党和国家领导人视察海关工作的音像制品；各单位领导人参加重大活动的音像制品；各单位接待和组织重大外事活动的音像制品；记录海关查缉重大案件的音像制品；记录涉及海关的重大事件、重大事故、自然灾害异常现象的音像制品；反映海关建筑物、所在地地理环境、历史遗迹及自然风貌、民俗风情的音像制品；海关宣传、教育、出版工作中形成的音像制品；总署历任署长，各海关、院校历任关长、院长、校长，受到省署级以上奖励人员等人物的个人照片；其他具有保存价值的音像制品。

海关音像档案共分为9类：

领导视察类：上级领导视察本单位形成的音像材料。

外事接待类：本单位接待外国代表团、组来访，讲学形成的音像材料。

会议类：本单位承办上级委托召开的，本单位组织召开的各种会议形成的音像材料。

表彰奖励类：本单位获得国家、部、省、市级先进及科研成果奖励形成的音像材料。

重大活动类：本单位组织的各种重大活动（包括对外宣传、业务咨询、群众性活动）形成的音像材料。

物证类：本单位查获走私、违规案件，侦查、诉讼案件形成的音像材料。

财产装备类：本单位的房屋、基建工程、重要设备、装备、文物的音像材料。

事故损失类：本单位处理重大事件、自然灾害形成的音像材料。

其他类：本单位形成的其他具有保存价值的音像材料。

音像档案保管期限分为永久、长期两种。

三、会计档案

海关会计档案是指会计凭证、会计账簿和财务报表等会计核算专业材料，是记录和反映海关经济活动的重要材料和依据。

海关会计档案分为会计凭证类、会计账簿类、会计报表类以及其他类。

会计凭证类包括以下档案：原始凭证、记账凭证、汇总凭证、其他会计凭证；

会计账簿类包括以下档案：总账、明细账、日记账、固定资产卡片、辅助账簿、其他会计账簿；

财务报表类包括以下档案：月度、季度、年度财务报表，包括附表、附注、其他财务报表；

其他类包括以下档案：银行存款余额调节表、银行对账单、其他应当保存的会计核算专业材料，会计档案移交清册，保管清册，销毁清册。

会计档案保管期限分为永久、定期两种，定期分为3年、5年、10年、15年、25年五种。

四、基建档案

海关基建档案是海关在办公、业务、生活、技术检测设施基本建设过程中形成的具有保存价值的文字、图表、图纸、计算材料、实验数据、音像材料、材质、证明、证书等不同形式的历史记录。

海关基建档案的内容包括基建前期文件、施工文件、竣工验收文件三大部分和附属文件。

前期文件包括：可行性研究、任务书、立项的请示与批复、资金文件、征地文件，水、电、道路、煤气、通讯等方面的文件；设计基础材料，设计文件；工程管理，投、招标及合同文件等。

施工文件包括：设备及管线安装施工文件，电气、仪表安装施工文件，各项材质的参数、实验调试数据、施工修改变更通知单、商谈会议记录、纪要等文件、图像资料。

竣工验收文件包括：总／分部位的建筑竣工图、竣工验收报告书、各部位的竣工验收记录；基本建设项目竣工验收全套文字、图像材料；土地证、产权证、消防合格证等具有法律作用的证书。

附属文件包括：各类合同、协议；设备使用、维修，招、评标工作中形成的文字、图像材料及基本建设项目的财务预、决算材料等。

此外，如有业务技术检查、检测设备等材料，单独立卷，并列入基建档案之中。

基建档案资料保管期限分为永久、长期两种。

五、纪检监察档案

海关纪检监察档案是指海关纪检监察部门在履行纪检监察职责、查处各种违纪案件工作中形成的具有保存价值的文件材料。

海关纪检监察档案的内容有：批准立案的依据（包括检举、控告、申诉材料，领导批示，会议决定，转办和初步核实的文字材料，立案报告）；办案计划或调查方案；调查报告及当事人论述、证人证言、书证等有关证明材料；有关案件处理的决定材料，包括被调查人所在单位处理的意见、批复通知、监察决定、监察建议、会议记录、会议纪要、处分决定等（含正式文件的印件、签发稿及主要领导修改的重要文稿）；错误事实及与被调查人见面材料；被调查人的检查材料及对核查事实的意见；审理报告和处理决定；结案报告；其他与案件有关的材料。

纪检监察档案保管期限分为永久、长期、短期三种。

六、审计档案

海关审计档案是海关在审计工作活动中形成的具有保存价值的历史记录。

海关审计档案的内容包括记录和反映审计部门在履行审计职

能活动中形成的文件、电报、信函、凭证、笔录的原件及其复制件，照片、音像磁带以及与审计事项有关的文件材料。具体是：上级机关对审计立项的指示、批示和下达的审计项目任务文件；审计通知书；审计报告（或复审决定），审计机关审定审计报告（复审决定）的会议纪要或会议记录摘要；审计证据、审计工作底稿、审计报告及审计报告征求意见稿；被审计对象对审计报告的书面意见；有关审计处理的请示，审计事项的报告及上级机关的批复、批示；审计（复审）结论和决定或审计意见通知书；被审计对象关于执行审计结论和决定情况的报告；罚款、罚没款、扣缴款、停止拨款、贷款、冻结银行存款、封存账册等文书及回执；被审计关长对审计结论和决定的复审申请，复审决定和申诉材料以及其他有关的复审材料；依法作审计结论和决定的法规目录或摘要，上级机关有关本项目问题处理的政策界限；有关本审计项目的情况报告、通报；审计调查报告及其有关文件材料；各种调查取证材料；移交处理意见书；与具体审计项目有关的群众来信或来访记录等举报材料；审计计划或审计方案；与审计项目有关的其他材料。

审计档案保管期限分永久、长期和短期三种。

七、缉私专业档案

海关缉私专业档案是指海关缉私部门在依法办理走私犯罪案件和走私、违规、治安案件以及其他违法犯罪案件中形成的，具有保存价值的文字、图表、音像等历史记录。海关缉私部门办公室负责缉私专业档案的归档与指导，并向海关档案管理部门移交。

缉私专业档案按内容分为刑事侦查类、海关行政处罚类、治安管理处罚类、缉私特情类、缉私秘密据点类、技术侦察类、案件协查类、刑事赔偿类等 8 类。各类下应归档文件材料详见《海关总署关于印发〈海关缉私专业档案管理办法〉的通知》（署缉发〔2007〕150 号）。

缉私专业档案保管期限分为永久、长期和短期三种。

八、行政复议和行政诉讼案件档案

海关办理的行政复议案件是指申请人不服海关作出的具体行政行为，向上一级海关申请行政复议，复议海关依法决定是否受理并进行审理的案件；海关参加的行政复议案件是指海关作为被申请人参加的行政复议案件。

海关的行政诉讼案件是指当事人不服海关作出的具体行政行为，向人民法院提起行政诉讼，海关以被告的身份参加的行政诉讼案件。

行政复议案件和行政诉讼案件的立卷工作由海关的法制部门负责，按文件形成规律分别进行立卷归档。

行政复议案件和行政诉讼案件档案保管期限分为永久、长期两种。

九、科研档案

海关科研档案是在科技项目开发研制过程中形成的具有保存价值的文字、图表、数据、音像等文件材料。

海关科研档案包括：科研准备过程中形成的科技项目立项审批文件、任务书、委托书、专题报告、调研报告、方案论证和协议书、合同等文件材料；科技项目研制过程中形成的各种载体的设计文件、图纸、重要原始记录，实验报告，计算材料，专利申请及重要的来往技术文件等；科研总结鉴定验收过程中形成的工作总结，开发研制报告、论文、专著、完成人员名单、技术鉴定材料、开发研制投资及使用情况、决算材料等；科研成果和奖励申报及审批材料，推广应用的效益证明材料等；科研成果推广应用方案、总结，使用部门反馈意见等材料。

科研档案的保管期限分永久、长期两种。

十、实物档案

海关实物档案是海关单位在工作活动中直接形成或获得的具有保存价值的、以实物为载体辅以文字说明、反映本单位资质、荣誉、成绩、成果等方面的历史记录。各单位形成的实物档案，由档案部门集中统一管理。

实物档案包括：党和国家领导人、上级机关领导人视察本单位工作时形成的实物；反映本单位主要职能活动和工作成果的实物；反映本单位荣获奖励的实物；本单位组织或参加重大活动形成的实物；其他具有保存价值的实物。

实物档案原则上都是原件，由形成或获得部门整理并填写文字说明。实物档案文字说明一般由时间、地点、事由、赠送或授奖单位和个人、接受单位和个人组成。实物档案随时归档或年底归档，定期向档案部门移交。

实物档案共分为5类：

证书类：本单位及各部门获得的成员证书、资格证书、荣誉证书等。

奖品类：本单位及各部门荣获的奖章、奖状、奖牌、奖杯、锦旗等。

纪念品类：党和国家领导人以及上级机关领导人视察本单位时的题字题词,本单位组织或参加重大活动时形成的纪念饰品、首日封、签名留念册或获得的赠品等。

查私物品类：本单位在查私工作中查获的有代表性的物品。

其他类：其他具有保存价值的物品。

实物档案的保管期限分永久、长期两种。

第四部分
海关总署的重大事件
和产生重要影响的活动

1949 年

12月30日，政务院第13次政务会议批准《中央人民政府海关总署试行组织条例》。

1950 年

2月11日，海关总署通令第14号决定更换全国海关关名并颁发印章，并规定：沿海的称海关，陆地的称关；并以所在城市现有名称为关名。

2月25日，海关总署创刊出版全国性海关内部刊物《人民海关》。该刊1953年12月停刊，1982年6月复刊。1989年4月10日，《人民海关》更名为《中国海关》月刊，并公开发行。

4月29日，中华人民共和国副主席刘少奇在北京庆祝"五一"国际劳动节干部大会上发表关于海关任务的讲话。

8月14日，海关总署通令规定：输入国家禁止进口的物资应一律报经政务院财经委员会审查批准，由贸易部发给许可证，海关凭证验放。

9月6日，海关总署发布《海务（包括江务）港务移交办法》，将海务、港务工作移交给有关部门。

10月6日，政务院总理周恩来在第53次政务会议上阐明对旧海关实行"改造、利用"的方针。

11月27日，政务院发布《进出口船舶、船员、旅客、行李物品检查暂行通则》，规定海关、公安、检疫等机关实行联合检查。

12月14日，政务院发布《关于设立海关原则和调整全国海关机构的指示》。

12月下旬，海关总署与财政部联合颁布《海关代征吨税办法》，1951年1月1日起执行。

12月下旬，政务院总理周恩来先后为《人民海关》和《海关统计》两个刊物题名。

1951 年

1月1日，海关总署发出《各地海关验凭许可证件放行的通知》，建立以许可证为依据的进出口货物监管制度。全国各关开始使用统一的报关单。

3月6日，政务院发布《中华人民共和国禁止国家货币出入国境办法》，规定人民币禁止进出境。

3月20日，政务院财政经济委员会批准《海关处理没收物品暂行办法》。

3月22日，海关总署、公安部联合发布《移交接管海关所属范围巡卫国境海岸的职务和武装舰艇及海关所在地范围以外的查私通则》。

3月23日，政务院第77次政务会议通过《中华人民共和国暂行海关法》，自5月1日起实施。

4月21日，《人民日报》发表社论《为建设独立自主的海关而奋斗》。

5月7日，政务院财政经济委员会发布《关于海关解除查验沿海运输应完货物税物品和国内禁运或限制运输物品及其有关证照等任务的指示》。

5月7日，中央人民政府海关总署第1期干部训练班在上海开学。

5月10日，政务院发布《中华人民共和国海关进出口税则》及《中华人民共和国海关进出口税则暂行实施条例》，自5月16日起实施。

11月10日，海关总署发布《海关人员使用武器规则》。

1952 年

1月1日，从苏联和新民主主义国家进口合同物资开始实行集中纳税。

11月1日，全国海关关务会议召开，主要议题是：在"三反"运动取得胜利的基础上，研究改进海关业务制度，加强查私工作，修订补充海关法和新税则，以建设健全有力的海关组织，加强对资本主义国家货运的监督管理，发挥海关工作在增产节约运动中的积极作用。

1953 年

1月14日，经政务院批准，外交部、海关总署联合发布《中华人民共和国对各国外交官及领事官优待暂行办法》《中华人民共和国对各国外交官行李物品进出境优待暂行办法》和《中华人民共和国对各国外交官及领事官豁免税费暂行办法》。

1月24日，海关总署发布《海关奖励查私暂行办法》。

4月25日，海关总署与中央11个有关部门在北京召开全国联合查私会议。同年12月26日，对外贸易部等4个部门下达联合查私会议总结，首次提出联合查私分工原则和有关注意事项。

9月9日，上海海关学校成立。

9月14日，对外贸易部发布中国海关关徽和关旗样式。

11月30日，海关总署召开全国海关关务会议，主要议题：根据国家过渡时期总路线，检查海关工作和对资贸易行政管理；确定今后方针任务与1954年工作要点；讨论改进对苏联、新民主主义国家进出口货物的监管征税以及对旅客行李物品的检查工作。

1955 年

3月25日，全国海关关长会议在北京举行，会议确定海关工作的中心是经济、政治保卫。

9月5日，国务院颁发关于调整各地海关任务和领导关系的通知，要求：各口岸海关将签发许可证等工作移交各地对外贸易局（处），有关人员及编制也随工作移交；地方海关受对外贸易部和所在地的省（市）人民委员会双重领导，并受该省（市）对外贸易局的指导。

10月1日，对外贸易部发布《海关对国际邮递物品监管办法》及《海关对个人收寄香港、澳门邮递自用物品监管办法》，自10月25日起实行。这是中华人民共和国对进出口邮包监管的最早行政规章。

12月16日，《中华人民共和国对外贸易海关统计制度》经国家统计局批准于1956年起实施。这是中华人民共和国第1个海关统计制度。

1956 年

2月19日，对外贸易部发布《海关对国际运输民航机监管办法》。

2月20日，对外贸易部发布《海关对进出国境旅客行李物品监管办法》、《海关对归国华侨携带行李物品优待办法》和《海关对来往香港或澳门旅客行李物品监管办法》。

12月15日至21日，全国海关第1次先进工作者代表会议在北京召开。18日，中共中央主席毛泽东，副主席刘少奇、朱德接见会议代表。

1957 年

11月7日，对外贸易部、财政部、中国人民银行总行联合发布《国营各对外贸易进出口总公司进口的合同货物集中纳税暂行办法》，自1958年1月1日起实施。

12月3日，对外贸易部、财政部、商业部发布《关于经由边境流入内地的外国货物征税和处理走私案件的联合指示》。

12月9日，海关总署召开全国海关关长座谈会，讨论贯彻执行国务院《关于严格管理外国货物经由西藏地区和其他边境地区流入内地的规定》。

1958 年

3月4日，海关总署派员以观察员身份参加第二届社会主义国家海关署长会议。

7月1日，首次全国海关反走私展览会在北京开幕，展期53天，观众达38万人次。

7月14日，全国海关关长会议在广州召开，重点研究在海关工作中如何正确处理人民内部和敌我两类不同性质的矛盾问题，并做出关于加强非贸易性邮递物品监管和旅客行李物品检查工作的决议。

9月5日，对外贸易部发布《海关检查揭发进出口货运事故办法》，9月15日起实施。

9月10日，海关总署在天津开办海关干部学校。

11月5日，对外贸易部、铁道部联合发布《海关对铁路进出国境列车和所载货物、行李、包裹监管办法》。

12月31日，对外贸易部、交通部联合发布《海关对国际航行船舶和所载货物监管办法》。

1959 年

1月3日，海关总署发布《关于出口珍贵文物图书的管理问题的通知》。

3月20日，全国海关关长会议在上海召开，中心议题是：如何在海关工作中贯彻"在做好经济政治保卫的同时，团结一切可以团结的力量"的方针。

1960 年

5月20日，全国海关第2次先进集体和先进工作者代表会议在北京举行。26日，中共中央副主席周恩来、朱德，中央政治局常务委员、中央委员会总书记邓小平等党和国家领导人接见会议代表。

11月15日，国务院批转对外贸易部《关于各地海关（关）、商品检验局（处）体制下放和人员精简问题的报告》，将各海关和商品检验局体制下放，受地方党政和外贸部双重领导，块块为主，条条为辅。

1961 年

9 月 8 日，国务院批准发布由交通部、公安部、卫生部、对外贸易部联合制订的《进出口船舶联合检查通则》，自公布之日生效。规定海关负责检查船舶、货物和船员、旅客携带物品。

1962 年

1 月，国务院通知：关于海关机构的设立、变更或撤销，由对外贸易部会同财政部、公安部及海关所在地的省、自治区、直辖市人民委员会研究、确定，不必再报国务院。

10 月 6 日，对外贸易部发布《关于出国探亲旅客携带重点物品监管问题的通知》。

1963 年

3 月 14 日，全国海关关长会议在北京举行。4 月 4 日，毛泽东、周恩来、邓小平等中央领导人接见会议代表。

1964 年

10 月 10 日，中国和阿尔巴尼亚人民共和国政府在北京签订海关互助合作协定。10 月 31 日，国务院核定中阿海关合作协定。

1965 年

12 月 29 日，外贸部发布经国务院领导批准的《关于海关检查扣留禁止进口物品的几个政策界限问题》。

1966 年

1月26日，国务院批转对外贸易部、公安部制订的《进出口印刷品管理试行办法》。这是中华人民共和国第1个对进出口贸易性和非贸易性印刷品的海关监管规定。

1967 年

6月5日，国务院批准海关停止征收外贸专业进出口公司进出口商品的关税，由公司并入外贸利润交库。

9月9日，对外贸易部决定停止编制海关统计，1965年对外贸易海关统计年报不再编印出版。

1969 年

1月14日，对外贸易部下达《关于废除海关对国营进出口公司货物的监管手续的意见》。

1月15日，财政部、对外贸易部联合发布《关于下放查私罚没收入和查私费用的通知》。从1969年1月1日起，查私罚没收入一律改作地方财政收入，海关查私费用由地方财政预算安排。

1971 年

12月20日，全国海关工作座谈会在北京召开。会议提出海关是无产阶级专政的国家机关，应当发挥海关保卫无产阶级专政的职能。

1972 年

8月5日，对外贸易部发布《关于实施〈海关对进出口货物监管办法〉的通知》，恢复海关对进出口货物的申报、查验制度。

1974 年

9月10日，对外贸易部发布《中华人民共和国海关对国际民航机监管办法》。

1975 年

2月23日，全国海关工作会议在北京召开。会议提出了关于进一步加强海关的无产阶级专政职能的意见。

7月1日，经教育部核准，对外贸易部决定在北京外贸学院设立海关管理系。翌年开始招生。

1976 年

11月18日，国务院发布《关于各国驻华外交机构、外交官进口物品的规定》。

1978 年

2月14日，全国海关关长座谈会在北京召开。会议着重讨论肃清"四人帮"流毒，纠正对进出境行李邮递物品管理过严的偏向和整顿其他海关工作等问题。

1979 年

4月6日，全国海关工作会议在北京召开。主要议题是贯彻中共十一届三中全会精神,把海关工作的重点转移到为现代化建设服务上来。会议决定实行"依法监管征税、方便合法进出、制止走私违法、保卫促进四化"的海关工作方针。

8月17日，国务院批准财政部、国家计委、对外贸易部《关于改进征收关税办法和改革海关体制的报告》。

12月12日,国务院颁发"中华人民共和国海关总署"印章。1980年1月1日正式启用。

1980 年

1月1日，各地海关对外贸公司进出口货物实行统一的报关制度，恢复海关征税和海关统计。

2月9日，国务院发布《关于改革海关管理体制的决定》。全国海关建制收归中央统一管理,成立中华人民共和国海关总署作为国务院直属机构,统一管理全国海关机构和人员编制及其业务。在广州设立海关总署广东分署，为海关总署的派出机构。

5月8日，上海海关专科学校（大专）经教育部批准建立。

1981 年

2月10日，海关总署发布实施《中华人民共和国海关对保税货物和保税仓库的监管暂行办法》，在全国推行保税仓库监管制度。

3月30日，海关总署发布实施《中华人民共和国海关征收规费暂行办法》。

1982 年

4月1日，海关总署、财政部公布实施《关于中外合作开采海洋石油进出口货物征免关税和工商统一税的规定》。这是中华人民共和国第 1 个对开采海洋石油的海关管理规定。

4月30日，国家统计局发表 1981 年中国国民经济和社会发展年度公报，有关对外贸易进出口部分首次使用海关统计数字。

8月24日，《海关统计》季刊创刊，向国内外发行。

1983 年

7月18日，中国正式加入海关合作理事会。

8月31日，海关总署发布《海关对进出口集装箱和所载货物监管办法》。

1984 年

1月，国务院发布《进口货物许可证制度暂行条例》。同年 5 月 16 日，对外经济贸易部、海关总署联合发布《中华人民共和国进出口货物许可证制度暂行条例施行细则》。

1月30日，海关总署、财政部、对外经济贸易部联合发布《关于中外合作经营企业进出口货物的监管和征免税规定》。这是中华人民共和国第 1 个对中外合作企业的海关管理规定。

4月30日，海关总署、财政部、对外经济贸易部联合发布《关于中外合资企业进出口货物的监管和征免税规定》。这是中华人民共和国第 1 个对中外合资企业的海关管理规定。

5月，中美两国海关在北京共同举办首届海关人员缉毒训练班。

8月21日，朝鲜民主主义人民共和国税关局副局长金蕴根率团访问中国海关。中朝双方签订《关于两国公民进出境携带行李物品海关监管合作协议书》。

9月1日，海关总署派考察组赴美国、加拿大考察海关统计业务，并与联合国统计局建立了直接业务联系。

10月23日，海关总署在广东深圳隆重召开颁发原九龙海关起义人员证书大会。

12月，海关总署自1984年起，每年向联合国统计局提交海关统计数据，供联合国编制《国际贸易统计年鉴》。

1985 年

1月5日，全国海关关长会议在北京召开。主要议题是研究贯彻《中共中央关于经济体制改革的决定》精神，提出了十项改革海关工作的措施，国务委员陈慕华到会讲话，强调海关要发挥"把关服务"的职能作用。

1月8日，国务院第57次常务会议审定通过《中华人民共和国进出口关税条例》及《中华人民共和国进出口税则》，自3月10日起实施。

1月16日，国务院批准海关制服改革方案。

2月25日，海关总署发布《中华人民共和国海关对报关单位实施注册登记制度的管理规定》《中华人民共和国海关对进出口快递物品监管办法》。

3月11日，经财政部同意，海关行政费自1985年1月起由国家预算拨款改为关税提成。

4月1日，国务院批准对国营企业出口商品征收出口利润调节税，由财政部委托海关代征。同年6月20日停征。

5月1日，国务院决定开征车辆购置附加费，规定进口车辆购置附加费由海关代征。1994年1月1日改由交通部门征收。

6月10日，戴杰署长率中国海关代表团出席在比利时召开的海关合作理事会第65/66届年会。这是中国政府第1次正式派团参加海关合作理事会年会。

6月30日，中国海关学会成立。

7月16日，国务院决定征收进口调节税，1992年4月1日停征。

7月27日，中央职称改革工作领导小组确定海关专业职务系列为国家21个专业职务系列之一。海关专业职务名称定为：高级关务监督、关务监督、助理关务监督、关务员。1993年10月海关实行公务员制度后，停止实行。

9月1日，中国海关管理干部学院在广州正式开学。

10月4日，秦皇岛海关学校正式开学。

11月4日，由中国海关学会与厦门大学合办的中国海关史研究中心在厦门成立。

1986 年

1月15日，全国海关思想政治工作会议在北京召开。会议提出：今后海关工作的指导方针，要把着眼点放在促进对外经济贸易、科技、文化交流和对外交往活动上，从以防范为主转为以促进为主。

3月25日，经国务院批准，海关总署发布《中华人民共和国海关总署对进出经济特区的货物、运输工具、行李物品和邮递物品的管理规定》，4月1日起实施。

6月2日，国务院决定，将海关船舶吨税划归交通部管理。

11 月 17 日，海关总署发布《中华人民共和国海关关于转关运输货物监管办法》。

12 月 25 日，根据国务院机关事务管理局批准的计划，北京市副市长张百发签发文件，同意海关总署办公大楼列为开工项目。

1987 年

1 月 22 日，第六届全国人民代表大会常务委员会第十九次会议审议通过《中华人民共和国海关法》。经国家主席李先念批准，自 7 月 1 日起实施。

2 月 16 日，全国海关关长会议在北京召开。会议提出加强海关社会主义精神文明建设，树立海关意识和海关职业道德，严格海关职业纪律。

7 月 1 日，经国务院批准，海关总署发布并施行《中华人民共和国海关法行政处罚实施细则》。1993 年 4 月 1 日，重新修订后发布施行。

1988 年

1 月 15 日，国务院领导人在《关于海关统计与经贸部进出口统计数字差异问题查对情况的报告》上批示：今后公开发表进出口数字以海关统计为准。

1 月 21 日，全国人大常委会发布实施《关于惩治走私罪的补充规定》。

5 月 9 日，中国政府向海关合作理事会递交加入《京都公约》、有保留地接受 E3《关于保税仓库的附约》和 E5《关于暂准进口货物按原状复出口的附约》的函件。

8月9日，中国成为《关于简化和协调海关制度的国际公约》缔约国。

9月20日，海关总署、财政部、国家物价局联合发布《中华人民共和国海关对进口减税、免税和保税货物征收海关监管手续费的办法》。

1989 年

4月14日，人事部复文同意海关总署试行公务员制度的实施方案。

5月10日，海关总署发布《中华人民共和国海关关于进出境旅客选择"红绿通道"通关的规定》。第1次以专门立法建章形式确立中国海关实行的"红绿通道"验放制度，将申报、查验、核放合为一体。

5月15日，戴杰署长参加在日本东京举行的第1次环太平洋地区海关署长大会。

1990 年

1月，海关总署颁发施行《海关廉政规定》。

9月3日，海关总署首次在北京举办亚太地区海关合作理事会《内罗毕公约》研讨班。

2月3日，李鹏总理在反映九龙海关"1·10"海上缉私事迹的《国内动态》清样上批示：走私与反走私是一项长期的斗争，要大力表彰缉私有功人员，缅怀为缉私斗争而献身的同志，宣传他们的事迹，鼓舞缉私队伍的斗志。

6月24日，戴杰署长率团赴比利时参加海关合作理事会77/78

届年会，并就中国海关的教育培训工作作了专题发言。

1992 年

1月1日，《中华人民共和国海关进出口税则》和《中华人民共和国海关统计商品目录》采用国际通用的《商品名称及编码协调制度》。

6月23日，中国加入《关于商品名称及编码协调制度的国际公约》。

9月9日，海关总署发布《中华人民共和国海关对报关单位和报关员的管理规定》。

9月10日，海关总署发布《中华人民共和国海关对进出境旅客旅行自用物品的管理规定》。首次确立旅客旅行自用物品的概念和监管规定。

11月，海关总署编撰的《当代中国海关》出版发行。12月，海关总署编撰的《中国改革开放辉煌成就十四年·海关卷》出版发行。

12月8日，海关总署组织研制的报关自动化系统（H883工程）获国家科学技术委员会颁发的"国家科学技术进步奖"一等奖。

1993 年

1月5日，海关总署发布《中华人民共和国海关对进料加工保税集团管理办法》。

1月13日，海关总署发布《中华人民共和国海关对进出境快件监管办法》。

2月26日，海关总署发布《中华人民共和国禁止进出境物品表》和《中华人民共和国限制进出境物品表》。

5月24日，全国海关关长座谈会在北京召开。会议期间，国家主席江泽民接见与会代表并讲话，要求建立新型的海关队伍，能够适应社会主义市场经济，出污泥而不染，抗腐蚀永不沾。

8月4日至6日，中共中央、国务院在北京召开全国打击走私工作会议。江泽民总书记出席会议，并发表重要讲话。会议决定建立地方党政反走私领导责任制，动员各方面力量，组织大规模的打击走私联合行动。

8月，中国加入《关于在展览会、交易会、会议等事项中便利展出和需用物品进口的海关公约》。

同月，中国加入《关于货物凭 ATA 报关单证册暂准进口的海关公约》。

11月24日，钱冠林署长率团访问越南海关，双方签署《中华人民共和国海关总署和越南社会主义共和国海关总局关于合作与互助的协议》及《中华人民共和国海关总署和越南社会主义共和国海关总局关于缉私合作的协议》。

1994 年

1月，根据国务院批准施行的《中华人民共和国消费税暂行条例》规定，进口应税消费品的消费税由海关代征。

1月30日至2月3日，全国海关关长会议在北京举行。会议提出海关工作的"一个目标、两项方针、三条基本经验"，对全国海关72个先进集体、4名全国海关劳动模范、5名全国海关优秀关长和91名全国海关先进工作者给予表彰。

7月5日，国务院发布《关于加强知识产权保护的决定》，其中包括建立海关边境保护制度。

8月19日，以色列海关与增值税署署长阿济夫率团访问中国海关，双方就中以海关行政互助协定的相关事宜进行磋商。这是中以海关的第1次正式接触。

9月2日，钱冠林署长随国家主席江泽民赴俄罗斯，9月3日签署两国政府间海关合作协定。

9月3日，中国海关与荷兰海关签署1995—1997年度中荷两国海关培训合作计划。

9月12日，钱冠林署长率团访问韩国海关，并签署中韩两国政府关于海关互助与合作的协定。

10月24日，世界海关组织和中国海关总署在青岛举行"知识产权边境保护研讨会"，世界海关组织和中国、美国、法国和香港地区代表共70人参加。

10月25日，海关总署在人民大会堂隆重集会，庆祝中华人民共和国海关建立45周年。江泽民主席题词："公正廉洁，文明把关"。李鹏总理题词："忠于职守，严格把关"。

10月28日，朝鲜税关总局金亿局长率团访问中国海关，双方签署《中华人民共和国海关总署和朝鲜民主主义共和国税关总局关于两国公民进出边境携带行李物品海关合作与监管合作议定书》。

12月13日，世界海关组织第32届政策委员会在北京召开。这是中国海关首次筹办的重要国际会议。有21个国家的47位代表出席会议。钱冠林署长率中国海关代表团出席。

1995年

3月11日，钱冠林署长与美国财政部海关署署长乔治·怀斯在北京就海关执行中美知识产权协议问题交换意见。

3月20日，世界海关组织第1次地区培训制度发展研讨会在山东青岛举行，亚太地区18个国家22名代表参加会议。

4月11日，钱冠林署长同以色列财政部部长肖哈特在北京签署《中以海关谅解备忘录》。

4月25日，中国海关以世界海关组织亚太地区代表名义在北京主持召开第5次亚太地区海关署长会议，钱冠林署长当选为本次会议主席。

4月29日，马来西亚海关总署署长诺尔率团访问中国海关，双方签署《中华人民共和国海关总署和马来西亚海关总署关于交换非法贩运或买卖麻醉品和精神药物情况的换文》。

5月29日，中国海关在杭州举办现代海关制度国际研讨会，美国、加拿大、新西兰、澳大利亚、英国和中国的海关代表参加。

7月5日，国务院发布《中华人民共和国知识产权海关保护条例》，10月1日起实行。这是中华人民共和国第1部海关保护知识产权的行政法规。

7月18日，韩国关税总局局长李恒钧率团访问中国海关，并出席在北京举行的第3次中韩海关合作会议，签署会谈纪要。

10月12日，中美两国海关在北京签署《中美两国海关知识产权会谈纪要》。

1996 年

4月15日，俄罗斯海关委员会主席克鲁格洛夫率团访问中国海关，双方签订《中俄海关关于执行两国政府间海关互助与合作协议的备忘录》。

4月，上海海关专科学校更名为上海海关高等专科学校。

5月7日，吉尔吉斯共和国海关局局长列梅申科率团访问中国海关，双方草签两国政府间海关行政互助协议。

6月14日，国务院109次总理办公会议决定：从1996年7月1日起，在全国范围实行加工贸易银行保证金台账制度。

6月21日，首届亚欧海关署长会议在中国深圳举行，李岚清副总理到会并讲话，钱冠林署长当选为会议主席。亚洲、欧盟共24国61位署长或高级官员出席会议。会议通过《首届亚欧海关署长会议声明》。

9月23日，国务院办公厅批复海关总署《关于统一采用HS编码管理进出口货物监管证件的请示》，规定对进出口货物统一采用《商品名称及编码协调制度》进行管理，并作为国家标准，由海关总署负责维护。

11月6日，国家计委、国家科委、财政部授予海关EDI通关系统"国家科学技术进步奖"三等奖。

1997 年

1月3日，国务院发布《中华人民共和国海关稽查条例》。这是中华人民共和国第1部海关稽查的行政法规。

2月17日，钱冠林署长随李岚清副总理访问以色列，签署《中以海关间行政互助协议》。

3月7日，"中华国门——全国海关反走私展览"在北京举办。19日中共中央总书记江泽民参观展览并题名。

3月25日，国务院发布实施《中华人民共和国反倾销和反补贴条例》。

8月1日，中华人民共和国发布实施《保税区海关监管办法》。

9月，钱冠林署长当选为中共第十五届中央候补委员。

9月24日，钱冠林署长随李岚清副总理访问哈萨克斯坦，并代表中国政府签署《中华人民共和国政府和哈萨克斯坦政府海关合作与互助协定》。

10月5日，荷兰海关署署长访问中国海关，双方签署两国海关关于培训合作的3年计划。

10月25日，海关总署发布《中华人民共和国海关暂准进口单证册项下进出口货物监管办法》。

12月21日，海关总署组织实施中国海关首次报关员资格全国统一考试。69289人参加考试。

12月22日，钱冠林署长与乌克兰国家海关署署长分别代表两国政府在北京签署《中华人民共和国政府和乌克兰政府海关互助协定》，李鹏总理参加签字仪式。

1998 年

3月6日，海关总署作出《关于建立现代海关制度的决定》。规划从1998年起用5年时间初步建立起现代海关的基本框架，然后再用5年左右时间建成比较完善的现代海关制度。

4月1日，通关作业改革开始在天津、上海、深圳、青岛4个海关试点运行，2001年1月起在全国海关全面推行。

7月13日至15日，中共中央、国务院在北京召开全国打击走私工作会议。中共中央总书记江泽民和国务院总理朱镕基在会上发表重要讲话。会议提出组建国家缉私警察队伍，实行联合缉私、统一处理、综合治理的缉私新体制，改革现行缉私罚没物品管理办法，调整与加强打击走私协调机构。会议要求清理整顿党政军机关和执法、司法部门所办公司及其挂靠公司，在人、财、物等方面彻底脱钩。

8月17日，大型反走私电视纪录片《中华之盾》在中央电视台播出。

9月8日，中共中央、国务院决定，对广东湛江地区发生的内外勾结、团伙性的特大走私、腐败案件进行查处。该案走私总值人民币110亿元，偷逃国家税收62亿元。湛江海关原关长曹秀康被判处死刑。

10月8日，西宁海关开关。至此，全国省、自治区、直辖市全部设立海关。

10月21日至25日，朱镕基总理视察南宁、湛江、汕头和黄埔海关，指出要进一步加大打击走私工作力度，加快建立缉私新体制和组建缉私警察队伍的步伐，加强缉私队伍和缉私装备现代化建设，把反走私斗争纳入规范化、法治化轨道。

12月31日，完成国家口岸专网工程的内部网主干网建设，并开通全国海关电视会议系统。

1999 年

1月1日，进出口报关单联网核查系统在全国各级外汇管理局及各售汇银行投入使用，获海关总署1999年颁发的"海关科学技术进步奖"一等奖。

1月5日，海关总署走私犯罪侦查局和北京海关走私犯罪侦查分局举行揭牌仪式暨首次授予缉私警察警衔仪式，中央政法委书记罗干、国务委员吴仪代表中共中央、国务院出席并讲话。

1月10日，朱镕基总理在《海关首次击沉走私飞艇》简报上批示："坚决狙击走私飞艇连续获胜，对有功人员应予通报嘉奖。要改善缉私装备，提高缉私艇速度。"

3月31日，海关总署发布《中华人民共和国海关对企业实施分类管理的办法》，1999年6月1日起实施。

4月9日，中美两国海关领导人分别代表本国政府在华盛顿签署《中华人民共和国和美利坚合众国关于海关行政互助与合作的协定》。双方还签订中美合作共建"APEC上海示范通关点"项目合作意向书。

4月20日，中共中央决定，由中共中央纪律检查委员会和海关总署共同负责查处厦门特大走私腐败案件。该案走私总值人民币530亿元，偷逃税款300亿元。

7月12日，海关总署、对外贸易经济合作部、国家经贸委联合下发《关于加工贸易企业分类管理评定标准和审定程序问题的通知》，对免设保证金台账的加工贸易企业的分类评定标准做了明确规定。

8月30日，海关总署发布《中华人民共和国海关实施〈行政复议法〉办法》，1999年10月1日起实施。

2000 年

2月19日至23日，全国海关关长会议在北京召开。20日，国务院总理朱镕基与部分代表进行座谈，勉励海关："振奋精神，鼓舞斗志，从严治关，再创新高"。

2月24日，海关总署发布《中华人民共和国海关进出口商品预归类暂行办法》，2000年4月1日起施行。

3月1日，《海关总署与香港海关合作互助安排》在香港签订。

3月15日，中国、韩国海关第7次合作会议在北京举行。双方就行政互助、建立重点敏感商品及时通报制度和交换有关统计数据等问题交换意见并签署会议纪要。

7月8日，第九届全国人民代表大会常务委员会第十六次会议通过《关于修改〈中华人民共和国海关法〉的决定》。该法于2001年1月1日起正式实施。

11月19日，钱冠林署长在北京会见蒙古国海关总署署长巴特尔，双方签署《中蒙海关署长级会谈纪要》。

12月23日，哈萨克斯坦海关委员会主席努科诺夫访问中国海关。双方签署《中哈海关相互承认海关单证和标识议定书》和《中哈海关关于对外贸易海关统计方法和信息合作的议定书》。

2001 年

1月13日，全国海关关长会议暨全国海关纪检监察工作会议在北京召开。会议主题为"加强队伍建设，深化改革"，全面部署2001年海关改革和建设的各项工作。

2月8日，口岸电子执法系统出口收汇子系统正式启用。

3月1日，《关长任期经济责任审计办法》正式执行。

3月28日，国务院批准，给予海关总署原副署长王乐毅行政开除处分。

4月26日，署长牟新生与摩洛哥海关和间接税总署署长默萨达克率领的访问团举行会谈，双方签署《中摩海关会谈纪要》。

2002 年

1月15日至18日，全国海关关长会议在北京举行。会议主要任务是：以邓小平理论和"三个代表"重要思想为指导，全面贯彻中共十五届六中全会、中央经济工作会议精神，总结 2001 年海关工作，提出并全面贯彻"依法行政、为国把关、服务经济、促进发展"的海关工作新方针，研究部署 2002 年海关改革和建设的各项任务。

1 月 18 日至 27 日，海关总署第 1 次派员以正式代表的身份参加世界海关组织（WCO）原产地规则技术委员会（TCRO）第 20 次会议。

4 月 16 日，牟新生署长随同朱镕基总理对土耳其进行国事访问期间，代表中国政府与土耳其政府签订《海关事务合作互助协定》，并拜访土耳其海关署长，双方就海关的发展建设问题交换了意见。

6 月 28 日，朱镕基总理，李岚清副总理和罗干、吴仪、王忠禹国务委员视察海关总署并发表重要讲话。

11 月 10 日，经国家新闻出版总署同意，《中华人民共和国海关总署文告》创刊。

11 月 14 日，在中国共产党第十六届全国代表大会上，海关总署党组书记、署长牟新生当选为中央委员，海关总署党组成员、纪检组长赵荣当选为中纪委委员。

11 月 18 日，中韩海关第 9 次合作会议在北京举行并签署会议纪要。

12 月 11 日，中国报关协会第 1 次会员代表大会暨成立大会在北京召开。

12 月 26 日，中国口岸协会组织编纂的《中国口岸年鉴》(2001)出版发行。这是中华人民共和国建立以来第 1 部全面记录中国口岸开放的具有权威性的大型资料书。

2003 年

1 月 5 日，海关总署颁发《海关基层建设纲要（试行）》。

1 月 13 日，海关总署党组印发《海关系统领导干部选拔任用工作实施办法（试行）》。

2 月 28 日，第九届全国人民代表大会常务委员会第三十二次会议通过并施行《中华人民共和国海关关衔条例》。

4 月 15 日，海关总署召开党组扩大会部署非典型性肺炎预防工作，对总署机关预防"非典"工作提出了要求。4 月 18 日，下发《海关总署关于进一步加强非典型性肺炎预防工作的通知》。

5 月 15 日，海关总署下发《海关总署党组关于各直属海关缉私局局长任所在海关领导班子成员的通知》，宣布各直属海关缉私局局长进所在海关班子，任副关长或党组成员。

5 月 16 日，海关总署党组印发《中共海关总署党组工作规则》。

5 月 16 日，秦皇岛海关学校更名为"海关总署秦皇岛培训学校"。

7 月 15 日，国务院公布施行《海关关衔标志式样和佩带办法》。

9 月 8 日，国务院发布《国务院关于授予牟新生等 277 名同志海关关衔的命令》。

9 月 12 日，中共中央总书记、国家主席胡锦涛会见首批海关高级关衔人员及海关系统先进集体和先进工作者代表，并作重要讲话。国务院举行授予海关关衔仪式，温家宝总理为海关总监、副总监和一级关务监督代表颁发授衔命令证书并讲话。

10 月 29 日，国务院第 26 次常务会议通过《中华人民共和国进出口关税条例》。11 月 23 日公布，2004 年 1 月 1 日起施行。

11月17日，海关总署下发《海关单位资产管理办法》。

11月19日，海关总署下发《海关罚没财物管理办法》。

11月25日至26日，全国海关全面推行风险管理工作会议在北京召开。牟新生署长作了题为"全面实施风险管理，大力推进海关现代化"的重要讲话，盛光祖副署长作了题为"全面推广风险管理平台，大力推进海关风险管理机制建设"的主报告。

11月30日，国务院总理温家宝在《关于海关工作今年主要情况和明年打算》上批示："海关是国家的门户，任务光荣，责任重大。今年，经过海关系统广大干部职工的共同努力，全国海关在打击走私、关税征收、口岸监管等方面取得了可喜成绩。明年的工作将更加繁重，全国海关要以'三个代表'重要思想为指导，认真贯彻十六大和十六届三中全会精神，全面加强海关建设，不断提高执法水平和通关效率，为改革开放和现代化建设作出新贡献。"

12月25日，国务院副总理吴仪到总署视察，对海关各项工作所取得的成绩予以充分肯定，并提出4点要求：一是建设现代化海关；二是建设准军事化的海关队伍；三是突出重点，积极稳妥地推进海关改革；四是埋头苦干，全面完成明年海关各项工作任务。

2004 年

1月9日至11日，2004年全国海关关长会议在上海隆重召开。牟新生署长代表总署党组作了题为"全面推进海关现代化建设，高质量地完成党和人民交给的各项任务"的主题报告。盛光祖副署长作了《关于现代海关制度第二步发展战略规划的说明》和会议小结。会议原则通过了《2004－2010现代海关制度第二步发展战略规划（审议稿）》。

1月13日，世界海关组织亚太地区情报联络中心（亚太RILO）移址北京庆典仪式在京举行。中国海关同世界海关组织（WCO）签署了《东道主协议》。

1月14日至16日，世界海关组织亚太地区执法负责人会议在北京召开，会议研讨了海关执法活动、海关在确保国际贸易供应链安全中的作用、世界各RILO间的合作、毒品走私、行政互助等议题。

1月19日，海关总署发布《中华人民共和国海关关于加工贸易保税货物跨关区深加工结转的管理办法》，自2004年3月1日起实施。

1月29日，海关总署发布《中华人民共和国海关对用于装载海关监管货物的集装箱和集装箱式货车车厢的监管办法》，自2004年3月1日起施行。

2月6日，海关总署发布《中华人民共和国海关关于来往香港、澳门小型船舶及所载货物、物品管理办法》，自2004年3月15日起施行。

2月17日至4月9日，黄埔海关缉私局破获"2·17"尹照华走私团伙案，该案案值高达人民币18.2亿元，涉嫌偷逃税款3亿元。10月28日，国务院副总理吴仪在《海关总署关于对黄埔海关查获的"2·17"特大走私受贿案48名涉案海关关员处理情况的报告》上批示："新生同志：此事抓得好。应在全国海关范围内进行警示教育。"

2月26日，海关总署发布《中华人民共和国海关对加工贸易货物监管办法》，自2004年4月1日起施行。

3月1日，《中华人民共和国知识产权海关保护条例》正式实施，

1995年国务院颁布的《中华人民共和国知识产权海关保护条例》同时废止。

3月24日，海关总署召开进出口企业"红、黑名单"记者吹风会，对外公布了诚信守法和走私违法企业"红、黑"名单。人民日报、新华社、中央人民广播电台、中央电视台等新闻单位参加了会议。

4月19日，署长牟新生会见澳大利亚海关署长 Woodward。双方正式签署了中澳海关合作与行政互助谅解备忘录，为双方开展技术和执法合作提供了法律依据。

4月26日，总署党组讨论通过"海关人员6项禁令"。7月7日，温家宝总理在《海关总署关于在全国海关开展"海关人员6项禁令"专题教育活动的报告》上批示："这项教育活动搞得好。抓队伍、抓教育、抓管理、抓纪律要坚持不懈、持之以恒。"11月4日，《人民日报》发表长篇通讯《"六项禁令"铸铁军——海关系统强化廉政意识严格纪律作风纪实》，对海关"六项禁令"的贯彻、执行和成效给予高度评价。

同日，海关总署下发《2004—2010现代海关制度第二步发展战略规划》，并于2006年12月14日进行了修订。

5月12日至14日，署长牟新生率中国海关代表团访问美国国土安全部，双方就中美海关合作等问题广泛交换了意见，详细了解了通关程序及美方与其他国家海关开展 CSI 合作的有关情况。

5月13日，海关总署与中国红十字会签署《海关总署、红十字会总会关于将没收的侵权货物用于社会公益事业的合作备忘录》。

6月2日，署长牟新生会见法国驻华大使蓝峰先生一行，双方就进一步加强中法海关友好关系、开展知识产权保护合作等问题达成共识。

6月16日，海关总署发布《中华人民共和国海关对常驻机构进出境公用物品监管办法》和《中华人民共和国海关对非居民长期旅客进出境自用物品监管办法》，自2004年8月1日起施行。

6月18日，海关总署发布《中华人民共和国海关实施〈中华人民共和国行政许可法〉办法》，自2004年7月1日起施行。

9月2日至3日，全国海关5年回顾教育总结交流会议在苏州外事培训基地召开。牟新生署长作了题为"以史为鉴，励精图治，再创海关工作新的辉煌"的讲话，从海关领导工作对全局的驾驭能力、海关业务指导思想、海关领导干部的监督管理、海关基层党组织建设和思想政治工作、现代海关制度改革等5个方面深刻剖析了海关5年历程取得的经验教训；对做好今后海关工作提出了3个方面的基本要求。

9月19日，国务院公布《中华人民共和国海关行政处罚实施条例》，自2004年11月1日起施行。

10月11日，海关总署举行大型浮雕"雄关漫道"落成揭幕仪式，署领导以及总署各司局主要负责人和各处室代表近百人参加。

10月26日，海关总署下发《海关总署关于印发〈海关因公出国（境）项目审批管理暂行规定〉和〈海关总署关于因公护照管理暂行规定〉的通知》。

10月28日，海关总署下发《海关总署关于颁发〈海关基层建设纲要〉的通知》。

11月10日至27日，由海关总署、公安部、国家工商总局联合举办的"以国门的名义——全国打击走私成果展览"在军事博物馆展出。这次展览是迄今为止全国规模最大、展品最丰富、运用展出手段最多的打私展览。此后，在深圳、南京等地进行了巡展。

11月22日至23日，世界海关组织和中国海关联合举办的"WCO知识产权保护地区论坛"在上海举行，论坛通过了《亚太地区海关共同打击假冒盗版违法行为——上海倡议书》，产生了积极的国际影响。

11月24日，海关总署下发《海关总署关于贯彻落实〈全面推进依法行政实施纲要〉的意见》。

11月30日，海关总署发布《中华人民共和国海关办理申诉案件暂行规定》，自2005年1月1日起施行。

12月6日，海关总署发布《关于非优惠原产地规则中实质性改变标准的规定》，自2005年1月1日起施行。

12月8日，中国政府与欧盟签署了中欧海关协定，国务院总理温家宝和欧盟委员会主席巴罗佐等出席了签字仪式。

12月22日，总署党组讨论通过了《中共海关总署党组关于成立中共海关总署党校的决定》，党校设在上海海关高等专科学校。

12月28日，吴仪副总理到海关总署视察，对海关圆满完成2004年各项任务给予了充分肯定，要求海关：一是以强化基层为重点，进一步加强队伍建设；二是继续健全反走私长效机制，始终保持打击走私的高压态势；三是正确处理好把关与服务的关系；四是积极推进出口加工区和区港联动试点，引导加工贸易转型升级；五是进一步完善"大通关"制度，加强"电子口岸"建设；六是做好WTO"后过渡期"的有关应对工作。

12月30日，海关总署发布《中华人民共和国海关关于执行〈中华人民共和国给予非洲最不发达国家特别优惠关税待遇的货物原产地规则〉的规定》，自2005年1月1日起施行。

2005 年

1月4日，海关总署发布《中华人民共和国海关进出口货物征税管理办法》，自2005年3月1日起施行。

1月7日，海关总署下发《海关总署关于废止部分规范性文件的通知》，共计废止770份规范性文件。

1月8日，中共中央办公厅、国务院办公厅、中央军委办公厅批复同意武警部队按现行做法继续参与海关监管和缉私任务。

1月11日，海关总署下发《关于海关总署党组巡视工作的暂行规定》，正式建立总署党组巡视工作制度。

1月13日至16日，2005年全国海关关长会议及全国海关党风廉政建设和反腐败工作会议在海南博鳌国际会议中心召开。牟新生署长作题为"全面提高海关把关服务能力，高质量地完成党和人民交给的各项任务"和"构建惩防体系，加大预防力度，深化海关系统党风廉政建设和反腐败工作"两个主题讲话。盛光祖副署长作"关于建立健全风险管理机制的若干问题"的讲话和会议小结。

1月19日，海关总署下发《违反海关执法规定和廉政纪律行政处分办法》。

1月20日至6月22日，海关总署在全体党员中开展"保持共产党员先进性教育活动"。

3月2日，牟新生署长会见英国议会下院财政委员会主席约翰·麦克福尔一行，双方就加强海关监管、打击毒品和香烟走私及知识产权保护等问题交换了意见。

3月14日，教育部批复同意筹建上海海关学院。

3月16日，牟新生署长会见新西兰新任驻华大使包逸之，双方就中新双边贸易、中新自贸区谈判、中新海关执法合作等事宜交换了意见。

3月17日，牟新生署长与阿塞拜疆海关委员会主席卡马拉丁·哈达罗夫签署了《中华人民共和国政府和阿塞拜疆共和国政府关于海关事务的互助协定》。国家主席胡锦涛与阿塞拜疆总统伊利哈姆·阿利耶夫出席签字仪式。

3月29日，海关总署下发《大型集装箱检查设备查验操作规程》。

5月25日，牟新生署长与乌兹别克斯坦副总理兼外交部长加尼耶夫签署了《中乌两国政府关于海关事务的互助协定》。国家主席胡锦涛与乌兹别克斯坦共和国总统阿·卡里莫夫出席签字仪式。

同日，海关总署下发《海关总署对送收"红包"行为予以公布的暂行办法》。

6月3日，海关总署下发《海关总署党组关于构建和谐海关的指导意见》。

6月15日，海关总署正式向全国海关推广运行海关政务办公系统（HB2004）1.0版。

6月20日，海关总署下发《2004—2010准军事化海关纪律部队建设指导方案》。

6月23日，海关总署发布《中华人民共和国海关对保税物流中心（A型）的暂行管理办法》和《中华人民共和国海关对保税物流中心（B型）的暂行管理办法》，自2005年7月1日起施行。

7月4日，署长牟新生会见法国对外贸易部长克里斯蒂娜·拉嘉德一行。双方就加强中法海关合作以及知识产权海关保护的担保等问题交换了意见。

7月21日，海关总署举行"全国海关H2000异地容灾切换仪式"。该系统成功从北京信息中心切换到广东分中心运行，实现了双中心和互为备份运行、互为容灾备份。

8月1日，国务院批准，对原产于台湾地区的15种进口鲜水果实施零关税。

9月20日，牟新生署长会见丹麦海关署长艾瑞克·布莱瓦德·安德森一行，双方就加强中丹海关合作、风险管理、信息技术、中美CSI合作等问题交换了意见。

同日，牟新生署长会见以色列税务总局局长埃坦·拉博一行，双方签署了《中华人民共和国海关总署和以色列国税务总局会谈纪要》和《中华人民共和国海关总署和以色列国税务总局关于〈中华人民共和国政府和以色列国政府关于海关行政互助与合作协定〉的实施规程》。

9月28日，中宣部、人事部、海关总署在人民大会堂联合举行国务院授予红其拉甫海关"艰苦奋斗模范海关"荣誉称号表彰大会和先进事迹报告会，国务院副总理吴仪作重要讲话并亲切接见了红其拉甫海关代表和报告团成员。

10月24日，海关总署发布《中华人民共和国海关立法工作管理规定》，自2006年1月1日起施行。

10月25日，全国海关网络系统总署端运行网和管理网之间防火墙部署上线，这标志着全国海关骨干网络的"三网分离"部署到位。

11月1日，温家宝总理在《海关总署关于2005年海关税收工作及2006年税收形势分析的报告》上批示："今年以来，全国海关加大综合治税力度，为确保完成年度税收计划，做了大量卓有成效的工作。明年海关税收任务依然繁重，海关总署要按照国务院确定的工作目标，加强业务形势分析，不断提高税收征管水平。要针对工作中出现的新情况、新问题，及时采取有效措施，挖掘潜力、堵塞漏洞，确保应收尽收，为国家税收收入稳定增长作出更大的贡献。"

11月22日，吴仪副总理出席海关总署与国务院11个部门在宁波联合召开的全国地方电子口岸建设现场会并作重要讲话。

11月24日至25日，吴仪副总理出席海关总署、商务部在杭州召开的全国出口加工区工作会议并作重要讲话。

11月28日，海关总署发布《中华人民共和国海关对免税商店及免税品监管办法》《中华人民共和国海关对出口监管仓库及所存货物的管理办法》《中华人民共和国海关对保税物流园区的管理办法》，自2006年1月1日起施行。

12月15日，海关总署发布《中华人民共和国海关行政许可听证办法》，自2006年2月1日起施行。

12月19日，海关总署下发《海关总署关于废止部分文件的通知》，共计废止17份规范性文件。

12月27日，海关总署发布《中华人民共和国海关关务公开办法》，自2006年2月1日起施行。

12月28日，海关总署发布《中华人民共和国海关进出口货物查验管理办法》，自2006年2月1日起施行。

同日，下发《海关总署党组关于印发〈海关政治工作暂行条例〉的通知》。

12月29日，海关总署发布《中华人民共和国海关行业标准管理办法（试行）》，自2006年2月1日起施行。

2006 年

1月10日至11日，2006年全国海关关长会议在北京举行。牟新生署长作了题为"贯彻落实科学发展观，协调推进海关改革与建设"的主题讲话。

1月13日，海关总署发布《中华人民共和国海关实施人身扣留规定》，自2006年3月1日起施行。

1月24日，海关总署下发《海关总署党组关于认真学习贯彻党章的通知》。

1月26日，海关总署发布《中华人民共和国海关行政处罚听证办法》，自2006年3月1日起施行。

2月28日，《中华人民共和国海关查缉证》正式启用，取代了原海关调查证。

3月1日，《中华人民共和国海关统计条例》正式实施。

3月15日，海关总署下发《海关总署党组关于直属海关党组纪检组协助直属海关党组组织协调反腐败工作的规定（试行）》。

3月28日，牟新生署长与罗马尼亚海关署长迪亚科努共同签署了《中罗海关互助与合作谅解备忘录》，国家主席胡锦涛和罗马尼亚总统伯塞斯库出席签字仪式。

同日，海关总署发布《海关总署关于修改〈中华人民共和国海关对进出境快件监管办法〉的决定》、《中华人民共和国海关审定进出口货物完税价格办法》，自2006年5月1日起施行。

4月16日至23日，国家保护知识产权工作组、中宣部、公安部及海关总署等11个部门在京联合主办"中国保护知识产权成果展"。海关总署主办的海关展区获得"最佳效果奖"。

4月29日，海关总署下发《海关总署党组关于全面开展准军事化海关纪律部队建设的决定》。

5月17日，海关总署党组下发《进一步推动落实党风廉政建设责任制，深化海关基层单位反腐倡廉工作的指导意见》。

5月18日，海关总署下发《海关总署党组关于进一步加强通关监管工作的决定》。

5月31日，海关总署发布《中华人民共和国海关特别优惠关税待遇进口货物原产地管理办法》，自2006年7月1日起施行。

6月6日，海关总署下发《海关贯彻国家"十一五"规划实施纲要》。

6月14日，海关总署发布《中华人民共和国海关加工贸易企业联网监管办法》，自2006年8月1日起施行。

7月6日，国务院总理温家宝、国务院副总理吴仪等国务院领导同志视察海关总署。温家宝总理在讲话中充分肯定了海关工作在增加国家财力、维护国家利益和社会稳定等方面作出的重要贡献，要求全国海关坚持以邓小平理论和"三个代表"重要思想为指导，全面贯彻落实科学发展观，坚持高标准、严要求，坚持改革创新，坚持现代海关制度建设，坚持建设高素质的海关队伍，切实履行国门忠诚卫士的职责，并提出了7个方面的具体要求。

8月8日，海关总署下发《海关信息系统安全应急预案》。

8月30日，海关总署发布《中华人民共和国海关〈中华人民共和国与智利共和国政府自由贸易协定〉项下进口货物原产地管理办法》，自2006年10月1日起施行。

9月5日，海关总署下发《海关工作人员着装管理规定》。

9月13日，海关总署发布《中华人民共和国海关统计工作管理规定》，自 2006 年 11 月 1 日起施行。

9月21日，署长牟新生率团与南非税务署署长郭德汉在南非比勒陀利亚举行双边正式会谈。双方共同签署了《中华人民共和国政府和南非共和国政府关于海关事务的互助协定》和《会谈纪要》。

10月1日，全国海关启用行政复议和知识产权海关保护专用执法证件"中华人民共和国海关调查证"。

11月22日，海关总署下发《统筹海关队伍建设工作实施办法》。

12月26日，海关总署发布《中华人民共和国海关对高层次留学人才回国和海外科技专家来华工作进出境物品管理办法》，自2007 年 1 月 1 日起施行。

12月28日，海关总署完成总署节点全部跨网项目的割接工作，实现运行网和管理网的安全隔离。至此，总署节点"三网分离"全部完成。

附　录

中华人民共和国档案法

（1987年9月5日第六届全国人民代表大会常务委员会第二十二次会议通过　根据1996年7月5日第八届全国人民代表大会常务委员会第二十次会议《关于修改＜中华人民共和国档案法＞的决定》修正）

目　　录

第一章　总则

第一条　为了加强对档案的管理和收集、整理工作，有效地保护和利用档案，为社会主义现代化建设服务，制定本法。

第二条　本法所称的档案，是指过去和现在的国家机构、社会组织以及个人从事政治、军事、经济、科学、技术、文化、宗教等活动直接形成的对国家和社会有保存价值的各种文字、图表、声像等不同形式的历史记录。

第三条　一切国家机关、武装力量、政党、社会团体、企业事业单位和公民都有保护档案的义务。

第四条 各级人民政府应当加强对档案工作的领导,把档案事业的建设列入国民经济和社会发展计划。

第五条 档案工作实行统一领导、分级管理的原则,维护档案完整与安全,便于社会各方面的利用。

第二章 档案机构及其职责

第六条 国家档案行政管理部门主管全国档案事业,对全国的档案事业实行统筹规划,组织协调,统一制度,监督和指导。

县级以上地方各级人民政府的档案行政管理部门主管本行政区域内的档案事业,并对本行政区域内机关、团体、企业事业单位和其他组织的档案工作实行监督和指导。

乡、民族乡、镇人民政府应当指定人员负责保管本机关的档案,并对所属单位的档案工作实行监督和指导。

第七条 机关、团体、企业事业单位和其他组织的档案机构或者档案工作人员,负责保管本单位的档案,并对所属机构的档案工作实行监督和指导。

第八条 中央和县级以上地方各级各类档案馆,是集中管理档案的文化事业机构,负责接收、收集、整理、保管和提供利用各分管范围内的档案。

第九条 档案工作人员应当忠于职守,遵守纪律,具备专业知识。

在档案的收集、整理、保护和提供利用等方面成绩显著的单位或者个人,由各级人民政府给予奖励。

第三章　档案的管理

第十条　对国家规定的应当立卷归档的材料，必须按照规定，定期向本单位档案机构或者档案工作人员移交，集中管理，任何个人不得据为己有。

国家规定不得归档的材料，禁止擅自归档。

第十一条　机关、团体、企业事业单位和其他组织必须按照国家规定，定期向档案馆移交档案。

第十二条　博物馆、图书馆、纪念馆等单位保存的文物、图书资料同时是档案的，可以按照法律和行政法规的规定，由上述单位自行管理。

档案馆与上述单位应当在档案的利用方面互相协作。

第十三条　各级各类档案馆，机关、团体、企业事业单位和其他组织的档案机构，应当建立科学的管理制度，便于对档案的利用；配置必要的设施，确保档案的安全；采用先进技术，实现档案管理的现代化。

第十四条　保密档案的管理和利用，密级的变更和解密，必须按照国家有关保密的法律和行政法规的规定办理。

第十五条　鉴定档案保存价值的原则、保管期限的标准以及销毁档案的程序和办法，由国家档案行政管理部门制定。禁止擅自销毁档案。

第十六条　集体所有的和个人所有的对国家和社会具有保存价值的或者应当保密的档案，档案所有者应当妥善保管。对于保管条件恶劣或者其他原因被认为可能导致档案严重损毁和不安全的，国家档案行政管理部门有权采取代为保管等确保档案完整和安全的措施；必要时，可以收购或者征购。

前款所列档案，档案所有者可以向国家档案馆寄存或者出卖；向国家档案馆以外的任何单位或者个人出卖的，应当按照有关规定由县级以上人民政府档案行政管理部门批准。严禁倒卖牟利，严禁卖给或者赠送给外国人。

向国家捐赠档案的，档案馆应当予以奖励。

第十七条 禁止出卖属于国家所有的档案。

国有企业事业单位资产转让时，转让有关档案的具体办法由国家档案行政管理部门制定。

档案复制件的交换、转让和出卖，按照国家规定办理。

第十八条 属于国家所有的档案和本法第十六条规定的档案以及这些档案的复制件，禁止私自携运出境。

第四章　档案的利用和公布

第十九条 国家档案馆保管的档案，一般应当自形成之日起满30年向社会开放。经济、科学、技术、文化等档案向社会开放的期限，可以少于30年，涉及国家安全或者重大利益以及其他到期不宜开放的档案向社会开放的期限，可以多于30年，具体期限由国家档案行政管理部门制订，报国务院批准施行。

档案馆应当定期公布开放档案的目录，并为档案的利用创造条件，简化手续，提供方便。

中华人民共和国公民和组织持有合法证明，可以利用已经开放的档案。

第二十条 机关、团体、企业事业单位和其他组织以及公民根据经济建设、国防建设、教学科研和其他各项工作的需要，可以按照有关规定，利用档案馆未开放的档案以及有关机关、团体、企业事业单位和其他组织保存的档案。

利用未开放档案的办法，由国家档案行政管理部门和有关主管部门规定。

第二十一条 向档案馆移交、捐赠、寄存档案的单位和个人，对其档案享有优先利用权，并可对其档案中不宜向社会开放的部分提出限制利用的意见，档案馆应当维护他们的合法权益。

第二十二条 属于国家所有的档案，由国家授权的档案馆或者有关机关公布；未经档案馆或者有关机关同意，任何组织和个人无权公布。

集体所有的和个人所有的档案，档案的所有者有权公布，但必须遵守国家有关规定，不得损害国家安全和利益，不得侵犯他人的合法权益。

第二十三条 各级各类档案馆应当配备研究人员，加强对档案的研究整理，有计划地组织编辑出版档案材料，在不同范围内发行。

第五章 法律责任

第二十四条 下列行为之一的，由县级以上人民政府档案行政管理部门、有关主管部门对直接负责的主管人员或者其他直接责任人员依法给予行政处分；构成犯罪的，依法追究刑事责任：

（一）损毁、丢失属于国家所有的档案的；

（二）擅自提供、抄录、公布、销毁属于国家所有的档案的；

（三）涂改、伪造档案的；

（四）违反本法第十六条、第十七条规定，擅自出卖或者转让档案的；

（五）倒卖档案牟利或者将档案卖给、赠送给外国人的；

（六）违反本法第十条、第十一条规定，不按规定归档或者不按期移交档案的；

（七）明知所保存的档案面临危险而不采取措施，造成档案损失的；

（八）档案工作人员玩忽职守，造成档案损失的。

在利用档案馆的档案中，有前款第一项、第二项、第三项违法行为的，由县级以上人民政府档案行政管理部门给予警告，可以并处罚款；造成损失的，责令赔偿损失。

企业事业组织或者个人有第一款第四项、第五项违法行为的，由县级以上人民政府档案行政管理部门给予警告，可以并处罚款；有违法所得的，没收违法所得；并可以依照本法第十六条的规定征购所出卖或者赠送的档案。

第二十五条　携运禁止出境的档案或者其复制件出境的，由海关予以没收，可以并处罚款；并将没收的档案或者其复制件移交档案行政管理部门；构成犯罪的，依法追究刑事责任。

第六章　附则

第二十六条　本法实施办法，由国家档案行政管理部门制定，报国务院批准后施行。

第二十七条　本法自 1988 年 1 月 1 日起施行。

中华人民共和国档案法实施办法

（1990年10月24日国务院批准，1990年11月19日国家档案局令第1号发布 1999年5月5日国务院批准修订，1999年6月7日国家档案局令第5号重新发布）

第一章 总 则

第一条 根据《中华人民共和国档案法》(以下简称《档案法》)的规定，制定本办法。

第二条 《档案法》第二条所称对国家和社会有保存价值的档案，属于国家所有的，由国家档案局会同国家有关部门确定具体范围；属于集体所有、个人所有以及其他不属于国家所有的，由省、自治区、直辖市人民政府档案行政管理部门征得国家档案局同意后确定具体范围。

第三条 各级国家档案馆馆藏的永久保管档案分一、二、三级管理，分级的具体标准和管理办法由国家档案局制定。

第四条 国务院各部门经国家档案局同意，省、自治区、直辖市人民政府各部门经本级人民政府档案行政管理部门同意，可以制定本系统专业档案的具体管理制度和办法。

第五条 县级以上各级人民政府应当加强对档案工作的领导，把档案事业建设列入本级国民经济和社会发展计划，建立、健全档案机构，确定必要的人员编制，统筹安排发展档案事业所需经费。

机关、团体、企业事业单位和其他组织应当加强对本单位档案工作的领导，保障档案工作依法开展。

第六条 有下列事迹之一的，由人民政府、档案行政管理部门或者本单位给予奖励：

（一）对档案的收集、整理、提供利用做出显著成绩的；

（二）对档案的保护和现代化管理做出显著成绩的；

（三）对档案学研究做出重要贡献的；

（四）将重要的或者珍贵的档案捐赠给国家的；

（五）同违反档案法律、法规的行为作斗争，表现突出的。

第二章 档案机构及其职责

第七条 国家档案局依照《档案法》第六条第一款的规定，履行下列职责：

（一）根据有关法律、行政法规和国家有关方针政策，研究、制定档案工作规章制度和具体方针政策；

（二）组织协调全国档案事业的发展，制定发展档案事业的综合规划和专项计划，并组织实施；

（三）对有关法律、法规和国家有关方针政策的实施情况进行监督检查，依法查处档案违法行为；

（四）对中央和国家机关各部门、国务院直属企业事业单位以及依照国家有关规定不属于登记范围的全国性社会团体的档案工作，中央级国家档案馆的工作，以及省、自治区、直辖市人民政府档案行政管理部门的工作，实施监督、指导；

（五）组织、指导档案理论与科学技术研究、档案宣传与档案教育、档案工作人员培训；

（六）组织、开展档案工作的国际交流活动。

第八条 县级以上地方各级人民政府档案行政管理部门依照

《档案法》第六条第二款的规定，履行下列职责：

（一）贯彻执行有关法律、法规和国家有关方针政策；

（二）制定本行政区域内的档案事业发展计划和档案工作规章制度，并组织实施；

（三）监督、指导本行政区域内的档案工作，依法查处档案违法行为；

（四）组织、指导本行政区域内档案理论与科学技术研究、档案宣传与档案教育、档案工作人员培训。

第九条　机关、团体、企业事业单位和其他组织的档案机构依照《档案法》第七条的规定，履行下列职责：

（一）贯彻执行有关法律、法规和国家有关方针政策，建立、健全本单位的档案工作规章制度；

（二）指导本单位文件、资料的形成、积累和归档工作；

（三）统一管理本单位的档案，并按照规定向有关档案馆移交档案；

（四）监督、指导所属机构的档案工作。

第十条　中央和地方各级国家档案馆，是集中保存、管理档案的文化事业机构，依照《档案法》第八条的规定，承担下列工作任务：

（一）收集和接收本馆保管范围内对国家和社会有保存价值的档案；

（二）对所保存的档案严格按照规定整理和保管；

（三）采取各种形式开发档案资源，为社会利用档案资源提供服务。

按照国家有关规定，经批准成立的其他各类档案馆，根据需要，可以承担前款规定的工作任务。

第十一条　全国档案馆的设置原则和布局方案，由国家档案局制定，报国务院批准后实施。

第三章　档案的管理

第十二条　按照国家档案局关于文件材料归档的规定，应当立卷归档的材料由单位的文书或者业务机构收集齐全，并进行整理、立卷，定期交本单位档案机构或者档案工作人员集中管理；任何人都不得据为己有或者拒绝归档。

第十三条　机关、团体、企业事业单位和其他组织，应当按照国家档案局关于档案移交的规定，定期向有关的国家档案馆移交档案。

属于中央级和省级、设区的市级国家档案馆接收范围的档案，立档单位应当自档案形成之日起满20年即向有关的国家档案馆移交；属于县级国家档案馆接收范围的档案，立档单位应当自档案形成之日起满10年即向有关的县级国家档案馆移交。

经同级档案行政管理部门检查和同意，专业性较强或者需要保密的档案，可以延长向有关档案馆移交的期限；已撤销的单位的档案或者由于保管条件恶劣可能导致不安全或者严重损毁的档案，可以提前向有关档案馆移交。

第十四条　既是文物、图书资料又是档案的，档案馆可以与博物馆、图书馆、纪念馆等单位相互交换重复件、复制件或者目录，联合举办展览，共同编辑出版有关史料或者进行史料研究。

第十五条　各级国家档案馆应当对所保管的档案采取下列管理措施：

（一）建立科学的管理制度，逐步实现保管的规范化、标准化；

（二）配置适宜安全保存档案的专门库房，配备防盗、防火、防渍、防有害生物的必要设施；

（三）根据档案的不同等级，采取有效措施，加以保护和管理；

（四）根据需要和可能，配备适应档案现代化管理需要的技术设备。

机关、团体、企业事业单位和其他组织的档案保管，根据需要，参照前款规定办理。

第十六条 《档案法》第十四条所称保密档案密级的变更和解密，依照《中华人民共和国保守国家秘密法》及其实施办法的规定办理。

第十七条 属于集体所有、个人所有以及其他不属于国家所有的对国家和社会具有保存价值的或者应当保密的档案，档案所有者可以向各级国家档案馆寄存、捐赠或者出卖。向各级国家档案馆以外的任何单位或者个人出卖、转让或者赠送的，必须报经县级以上人民政府档案行政管理部门批准；严禁向外国人和外国组织出卖或者赠送。

第十八条 属于国家所有的档案，任何组织和个人都不得出卖。

国有企业事业单位因资产转让需要转让有关档案的，按照国家有关规定办理。

各级各类档案馆以及机关、团体、企业事业单位和其他组织为了收集、交换中国散失在国外的档案、进行国际文化交流，以及适应经济建设、科学研究和科技成果推广等的需要，经国家档案局或者省、自治区、直辖市人民政府档案行政管理部门依据职权审查批准，可以向国内外的单位或者个人赠送、交换、出卖档案的复制件。

第十九条 各级国家档案馆馆藏的一级档案严禁出境。

各级国家档案馆馆藏的二级档案需要出境的,必须经国家档案局审查批准。各级国家档案馆馆藏的三级档案、各级国家档案馆馆藏的一、二、三级档案以外的属于国家所有的档案和属于集体所有、个人所有以及其他不属于国家所有的对国家和社会具有保存价值的或者应当保密的档案及其复制件,各级国家档案馆以及机关、团体、企业事业单位、其他组织和个人需要携带、运输或者邮寄出境的,必须经省、自治区、直辖市人民政府档案行政管理部门审查批准,海关凭批准文件查验放行。

第四章 档案的利用和公布

第二十条 各级国家档案馆保管的档案应当按照《档案法》的有关规定,分期分批地向社会开放,并同时公布开放档案的目录。档案开放的起始时间:

(一)中华人民共和国成立以前的档案(包括清代和清代以前的档案;民国时期的档案和革命历史档案),自本办法实施之日起向社会开放;

(二)中华人民共和国成立以来形成的档案,自形成之日起满30年向社会开放;

(三)经济、科学、技术、文化等类档案,可以随时向社会开放。

前款所列档案中涉及国防、外交、公安、国家安全等国家重大利益的档案,以及其他虽自形成之日起已满30年但档案馆认为到期仍不宜开放的档案,经上一级档案行政管理部门批准,可以延期向社会开放。

第二十一条　各级各类档案馆提供社会利用的档案，应当逐步实现以缩微品代替原件。档案缩微品和其他复制形式的档案载有档案收藏单位法定代表人的签名或者印章标记的，具有与档案原件同等的效力。

第二十二条　《档案法》所称档案的利用，是指对档案的阅览、复制和摘录。

中华人民共和国公民和组织，持有介绍信或者工作证、身份证等合法证明，可以利用已开放的档案。

外国人或者外国组织利用中国已开放的档案，须经中国有关主管部门介绍以及保存该档案的档案馆同意。

机关、团体、企业事业单位和其他组织以及中国公民利用档案馆保存的未开放的档案，须经保存该档案的档案馆同意，必要时还须经有关的档案行政管理部门审查同意。

机关、团体、企业事业单位和其他组织的档案机构保存的尚未向档案馆移交的档案，其他机关、团体、企业事业单位和组织以及中国公民需要利用的，须经档案保存单位同意。

各级各类档案馆应当为社会利用档案创造便利条件。提供社会利用的档案，可以按照规定收取费用。收费标准由国家档案局会同国务院价格管理部门制定。

第二十三条　《档案法》第二十二条所称档案的公布，是指通过下列形式首次向社会公开档案的全部或者部分原文，或者档案记载的特定内容：

（一）通过报纸、刊物、图书、声像、电子等出版物发表；

（二）通过电台、电视台播放；

（三）通过公众计算机信息网络传播；

（四）在公开场合宣读、播放；

（五）出版发行档案史料、资料的全文或者摘录汇编；

（六）公开出售、散发或者张贴档案复制件；

（七）展览、公开陈列档案或者其复制件。

第二十四条 公布属于国家所有的档案，按照下列规定办理：

（一）保存在档案馆的，由档案馆公布；必要时，应当征得档案形成单位同意或者报经档案形成单位的上级主管机关同意后公布；

（二）保存在各单位档案机构的，由各该单位公布；必要时，应当报经其上级主管机关同意后公布；

（三）利用属于国家所有的档案的单位和个人，未经档案馆、档案保存单位同意或者前两项所列主管机关的授权或者批准，均无权公布档案。

属于集体所有、个人所有以及其他不属于国家所有的对国家和社会具有保存价值的档案，其所有者向社会公布时，应当遵守国家有关保密的规定，不得损害国家的、社会的、集体的和其他公民的利益。

第二十五条 各级国家档案馆对寄存档案的公布和利用，应当征得档案所有者同意。

第二十六条 利用、公布档案，不得违反国家有关知识产权保护的法律规定。

第五章　罚　则

第二十七条 有下列行为之一的，由县级以上人民政府档案行政管理部门责令限期改正；情节严重的，对直接负责的主管人员或者其他直接责任人员依法给予行政处分：

（一）将公务活动中形成的应当归档的文件、资料据为己有，拒绝交档案机构、档案工作人员归档的；

（二）拒不按照国家规定向国家档案馆移交档案的；

（三）违反国家规定擅自扩大或者缩小档案接收范围的；

（四）不按照国家规定开放档案的；

（五）明知所保存的档案面临危险而不采取措施，造成档案损失的；

（六）档案工作人员、对档案工作负有领导责任的人员玩忽职守，造成档案损失的。

第二十八条 《档案法》第二十四条第二款、第三款规定的罚款数额，根据有关档案的价值和数量，对单位为1万元以上10万元以下，对个人为500元以上5000元以下。

第二十九条 违反《档案法》和本办法，造成档案损失的，由县级以上人民政府档案行政管理部门、有关主管部门根据损失档案的价值，责令赔偿损失。

第六章　附　则

第三十条 中国人民解放军的档案工作，根据《档案法》和本办法确定的原则管理。

第三十一条 本办法自发布之日起施行。

编后说明

《指南》共4个部分，着重介绍了海关总署组织机构历史沿革，海关总署全宗历史，海关总署档案的内容和成分，海关总署的重大事件和产生重大影响的活动等内容。

《指南》以海关总署历年档案《全宗卷》、《案卷目录》、《全引目录》等检索工具为查找线索，主要以海关总署库藏档案史料为依据编制。

由于海关总署曾一度为对外贸易部内设机构，所以《指南》中该时期海关总署的组织机构、全宗历史、重大事件（活动）等的编写，全赖查阅现存于中央档案馆的有关档案史料。

《指南》中第一部分介绍海关总署组织机构历史沿革时，凡涉及文件的，基本上均在合适位置用括号依次标注该文件的档号、文件标题、文号。标有档号的文件源自1949年至1959年的永久文书档案，现存于海关总署档案馆。

《指南》中第四部分介绍海关总署的重大事件和产生重大影响的活动时，为避免重复，涉及海关工作方针或指导思想，隶属关系变更，内部机构增设、裁撤、合并、更名，署级领导任免，党和国家领导人视察总署机关以外的海关单位但未作指示，署领导接见、出访外国海关未形成书面材料等，均未一一列出。

在此还须说明的是,目前中央档案馆尚未向海关总署核发全宗号。

《指南》编写过程中得到中央档案馆、商务部、海关总署档案馆的大力支持,在此谨表谢意。

编　者

2007 年 10 月 28 日